일본지식인의 아시아 식민지도시 체험

이 저서는 2008년 정부(교육부)의 재원으로 한국연구재단의 지원을
받아 수행된 연구임(NRF-2008-361-B00001).

일본지식인의 아시아 식민지도시 체험

초판 1쇄 발행   2018년 4월 12일

지은이 ㅣ 이수열
펴낸이 ㅣ 윤관백
펴낸곳 ㅣ 도서출판선인

등록 ㅣ 제5-77호(1998.11.4)
주소 ㅣ 서울시 마포구 마포동 324-1 곳마루 B/D 1층
전화 ㅣ 02)718-6252/6257
팩스 ㅣ 02)718-6253
E-mail ㅣ sunin72@chol.com
Homepage ㅣ www.suninbook.com

정가   15,000원
ISBN   979-11-6068-164-2   93300

· 잘못된 책은 바꾸어 드립니다.

[해항도시문화교섭학연구총서 16]

일본지식인의 아시아 식민지도시 체험

이수열

도서출판 선인

발 간 사

　한국해양대학교 국제해양문제연구소는 한국연구재단의 지원을 받아 2008년부터 2018년까지 인문한국지원사업인 '해항도시 문화교섭학' 연구를 수행하고 있다. 이 연구의 개요를 간략히 소개하면 다음과 같다. 먼저, 해항도시 문화교섭 연구는 바다로 향해 열린 해항도시(seaport city)가 주된 연구대상이다. 해항도시는 해역(sea region)을 구성하는 요소로서 그 자체가 경계이면서 동시에 원심력과 구심력이 동시에 작동하는 공간으로, 배후지인 역내의 각지를 연결할 뿐만 아니라 먼 곳에 있는 역외인 해역의 거점과도 연결된 광범한 네트워크가 성립된 공간이다. 해항도시는 근대자본주의가 선도하는 지구화 훨씬 이전부터 사람, 상품, 사상 교류의 장으로서 기능해 온 유구한 역사성, 국가의 영역에 머무르지 않은 초국가적인 영역성과 개방성, 그리고 이문화의 혼교 · 충돌 · 재편이라는 혼효성의 경험과 누적을 사회적 성격으로 가진다.

　다음으로 해항도시 문화교섭 연구는 해항도시를 필드로 하여 방법론적 국가주의를 넘어 방법론적 해항도시를 지향한다. 연구필드인 해항도시를 점으로 본다면 해항도시와 해항도시를 연결시킨 바닷길은 선으로 구체화되며, 바닷길과 바닷길을 연결시킨 면은 해역이 된다.

여기서 해역은 명백히 구획된 바다를 칭하는 자연·지리적 용법과 달리 인간이 생활하는 공간, 사람·물자·정보가 이동·교류하는 장이자 사람과 문화의 혼합이 왕성하여 경계가 불분명하여, 실선이 아니라 점선으로 표현되는 열린 네트워크를 말한다. 해역과 해역은 연쇄적으로 연결된다. 해항도시 문화교섭 연구는 국가와 민족이라는 분석단위를 넘어서, 해항도시와 해항도시가 구성하는 해역이라는 일정한 공간을 상정하고, 그 해항도시와 해역에서의 문화생성, 전파, 접촉, 변용에 주목하여 문화교섭 통째를 복안적이고 종합적인 견지에서 해명하고자 하는 시도다.

여기에 기대면, 국가 간의 관계 시점에서 도시 간 네트워크 시점으로의 전환, 지구화와 지방화를 동시에 반영하는 글로컬 분석단위의 도입과 해명, 중심과 주변의 이분법을 해체하고 정치적인 분할에 기초한 지리단위들에 대한 투과성과 다공성을 부여할 수 있다. 그리고 해항도시 문화교섭 연구는 역사, 철학, 문학 등 인문학 간의 소통뿐 아니라 사회과학과 자연과학 등 모든 학문과의 소통을 전제한다는 점에서, 모든 학문의 성과를 다 받아들인다는 의미에서 '바다' 인문학을 지향한다.

이처럼 해항도시 문화교섭 연구는 '연구필드로서의 해항도시'와 '방법론으로서의 해항도시'로 대별되며, 이는 상호 분리되면서도 밀접하게 연관된다. 연구필드로서의 해항도시는 특정 시기와 공간에 존재하는 것이며, 방법론으로서의 해항도시는 국가와 국가들의 합인 국제의 틀이 아니라 해항도시와 해역의 틀로 문화교섭을 연구하는 시각을 말한다. 이런 이유로 해항도시 문화교섭학 연구총서는 크게 두 유형으로 출간될 것이다. 하나는 해항도시 문화 교섭 연구 방법론에 관련된 담론이며, 나머지 하나는 특정 해항도시에 대한 필드연구이다. 우리는 이 총서들이 상호 연관성을 가지면서 해항도시 문화교섭 연구의 완성도를 높여가길 기대한다. 그리하여 국제해양문제연구소가 해항도시 문화교섭 연구의 학문적·사회적 확산을 도모하고 세계적 담론의 생산·소통의 산실로 자리매김하는 데 일조하리라 희망한다. 물론 연구총서 발간과 그 학문적 수준은 전적으로 이 프로젝트에 참여하는 연구자들의 역량에 달려있다. 연구·집필자들께 감사와 부탁의 말씀을 드리면서.

2018년 1월
한국해양대학교 국제해양문제연구소장
정문수

책을 내면서

문예평론가 가와무라 미나토(川村湊)는 일본의 전후문학사를 정리한 작품 속에서 '전후문학'의 종언에 대해 다음과 같이 말했다.

> '전후문학'이 끝났다고 후련하게 선언하기에는 우리들의 문학은 아직도 '전후'라는 그림자로 뒤덮여 있는 것처럼 보인다. 그것을 '전후'의 '망령(고스트)'이라고 불러도 좋을 것이다. 우리는 일본이나 해외의 산, 계곡, 강, 바다, 숲, 마을에서 죽은 사람들을 올바르게 묻고 또 애도해온 것일까. 일본인만이 아니라 적이었던 사람, 우군이었던 사람, 적도 우군도 아닌 사람. 이러한 망자들이 '전후문학'에 '망령'처럼 따라다니고 있는 것은 아닐까.[1]

가와무라는 이렇게 이야기한 뒤 일본 사회가 일본인뿐만 아니라 근린 아시아의 '망령'들의 혼의 행방에 대해서도 배려할 때 '전후'는 비로소 끝이 나고 "새로운 문학"(237쪽)이 시작될 것이라고 전망하며 책을

---

[1] 川村湊, 『戰後文學を問う: その體驗と理念』, 岩波新書, 1995, 234~235쪽. 여기서 '전후문학'이란 1945년부터 1990년대 전반까지 약 50년 동안에 발표된 문학을 말한다.

끝맺었다. 그의 저작 활동에서 중요한 부분을 차지하는 구 식민지 문
학이나 재일조선인 문학에 관한 연구는 '전후문학'의 종언과 새로운
문학 탄생을 위한 정지 작업에 다름 아니었던 것이다. 하지만 그 뒤
일본 사회가 나아간 길은 가와무라의 제언과는 정반대의 방향이었다.
한 예로 가와무라의 발언이 있고나서부터 20년이 지나 발표된 아베
신조(安倍晋三) 수상의 '전후 70년 담화'는 일본의 정치 사회가 근린
아시아의 '망령'들에 대한 진혼은커녕 제국이라는 또 하나의 망령의
부활을 지향하고 있음을 알렸다.

되돌아보면 근대 일본에서 탈식민주의가 시대적 과제로 등장한 시
기는 몇 차례 있었다. 자유민권운동이나 다이쇼(大正) 데모크라시는
모두 정치적 자유의 확대를 목표로 하고 있었던 만큼 제국과 식민지
의 관계에 관한 논의를 필연적으로 동반했다. 그러나 두 시기의 식민
지 문제는 번번이 민족과 국가의 논리에 가로막혀 후경화되기 일쑤였
다. 상황은 패전 이후도 마찬가지였다. 제국의 해체=식민지의 독립을
주어진 여건으로 하여 시작된 일본의 전후는 제국 의식을 주체적으로
극복하는 과정을 생략한 채 폐허로 변한 국토와 일본의 재생을 논하
는 데 급급했다. 이후 탈식민주의라는 사상과제는 곧이어 시작된 동
아시아의 냉전, 일본 사회의 고도경제성장과 생활보수주의 속에 함몰
된 채 아베 담화에 이르고 있다. 이러한 점에서 현대 일본 사회의 우
경화를 제국의 망령의 부활에 비유하는 것은 망령의 사전적인 뜻이
죽은 자의 영을 의미하는 점에서 부정확한 표현이라고 할 수 있다. 제
국은 전후 일본 사회와 문학의 심부에서 계속 살아 숨 쉬고 있었고 오
늘날의 상황은 그 재현에 불과한 것이다.

근대 일본의 세계관, 그 중에서도 아시아 인식에 관한 자기비판적

성찰은 일본에서 여전히 현대적 과제로 존재하고 있다. 마루카와 데
쓰시(丸川哲史)가 전후 일본을 "일본 제국의 '부패'한 형태"[2]로 규정하
며 일본 근현대문학에 보이는 식민주의적 정신의 계보를 추적한 것은
그러한 사상과제에 대한 응답이라고 할 수 있다. 다음에 소개하는 '남
방(南方)문학'에 대한 호리키리 나오토(掘切直人)의 평가도 같은 문제
의식에서 비롯하고 있다.

> "근대 일본의 남방문학에 공통적으로 보이는 현상은 남방의 풍
> 요로운 자연이나 이국적인 풍물에 호감을 보이거나 밀림의 동식
> 물 생태와 현지인의 신기한 풍습을 호기심어린 눈으로 바라보는
> 일은 있어도 현지 주민의 생활 실태나 마음속에 숨겨진 일에는
> 결코 다가가려 하지 않는 점이다. 또 네덜란드, 프랑스, 영국, 그
> 리고 대일본제국에 의한 동남아시아 식민지 지배의 실상, 구조,
> 전모를 정확하게 파악하려는 적극적인 자세가 보이지 않는 점이
> 다."[3]

호리키리는 이렇게 말하며 근대 일본의 '남방문학'을 식민주의적 심
성에서 벗어나지 못한 "맹목의 문학(盲目の文學)"이라고 결론 내렸는
데, 이는 비단 '남방문학'에만 한정된 현상이 아니었다. 일찍이 중국사
학자 노무라 고이치(野村浩一)는 "근대 일본의 역사는 중국 인식 실패
의 역사였다. 그리고 그러한 역사는 지금도 기본적으로 변화했다고
할 수 없다"[4]라고 말했다. 실패의 역사로서의 일본근대사가 아시아

2) 丸川哲史, 『帝國の亡靈: 日本文學の精神地圖』, 靑土社, 2004, 22쪽.
3) 掘切直人, 「南方文學パノラマ」, 『太陽』 1997년 4월.
4) 野村浩一, 『近代日本の中國認識: アジアへの航跡』, 硏文出版, 1981, 47쪽.

인식 전반에 해당되는 일임은 새삼 지적할 필요도 없을 것이다. 그러나 노무라가 제기한 문제는 그 뒤 계승 발전되었다기보다 국민국가 비판, 식민지 모더니즘 등과 같은 연구사적 문제관심의 변화 속에서 주변화된 느낌을 지울 수 없다. '전후 감각'의 풍화와 그와 연동하는 일본 사회의 우경화가 배경에 존재하고 있음은 물론이다.

이 책은 근대 일본 사상과 식민주의라는 오래고도 새로운 문제를 일본지식인의 아시아 식민지도시 체험을 통해 다시금 생각하고자 하는 의도에서 집필된 것이다. 여기서 다루는 대상이 부족하고 분석도 충분치 않음을 필자는 잘 알고 있다. 전체를 아우르는 방법론에 대한 성찰 또한 부족했다. 그리고 역사연구자로서 문학 작품을 단순히 '자료'로서 재단한 것은 아닌지 또 선행연구에 대한 조사는 두루 이루어 졌는지 불안하기도 하다. 완성된 원고를 보며 이런 모든 문제들이 여전히 앞으로의 과제로 남아 있음을 통감했다.

지금까지 발표한 논문을 한데 모은 이 책은 한국해양대학교 국제해양문제연구소 HK사업 '해항도시 문화교섭학' 연구단의 연구 총서 가운데 하나로 출간된 것이다. 각 논문의 출처는 권말의 '초출일람'에 밝혀 두었다. 책으로 묶는 과정에서 첨삭과 수정을 가했다. 하나하나의 글이 완성되기까지 같은 연구단에서 일하거나 가까이에서 연구를 지원하고 있는 여러 선생님들의 비판과 지적을 받을 수 있었던 점은 큰 행운이었다. 모든 분들께 감사의 말씀을 전하고 싶다.

2018년 2월
이수열

차   례

제1장

근대 일본 작가의 상하이 체험

제1장 근대 일본 작가의 상하이 체험

1. 머리말

상하이(上海)가 국제적 식민지도시로서의 길을 걷기 시작한 것은 19세기 중엽에 들어서의 일이었다. 난징(南京)조약에 의해 1843년에 개항한 상하이에는 영국조계, 프랑스조계, 영국과 미국의 공동조계가 차례로 설치되었다. 근대적 도시 설비도 1870년경까지는 거의 완성되어, 서구와의 정기선, 양식 건축물, 도로와 다리, 가스등, 병원과 학교, 경마장과 공원 등이 들어섰다. 일본발 정기 노선이 생기기 이전 일본인들은 상하이를 경유해야만 서구로 갈 수 있었는데, 상하이의 근대 도시로서의 면모는 그곳을 방문한 근대 초기의 일본인들에게 일종의 준(準) '서양' 체험을 가능하게 했다. 하지만 메이지(明治) 초기 일본인의 상하이 방문은 일부 관리나 상사원 그리고 '가라유키상(からゆきさん)'이라고 불리는 매춘부에 한정된 일이었다.

상하이와 일본의 관계가 밀접하게 되는 것은 러일전쟁 이후 일본 방직업이 본격적으로 진출하면서부터였다. 일본 기업이 대거 진출한 결과, 1907년에는 상하이 거류민단이 만들어졌다. 한 연구에 의하면

러일전쟁이 끝난 1905년 당시, 상하이 거주 일본인 인구는 5년 전에 비해 4배 가까이 증가한 4300여명이었고, 1909년에 이르면 8000명을 넘기게 되었다고 한다.[1] 그 뒤 제1차 세계대전 참전을 계기로 중국에서 일본의 지위는 현저히 상승하여, 홍커우 구(虹口區)의 '일본조계'는 기정사실로 받아들여졌다. 그 과정에서 상하이의 일본인 인구는 1만 명을 돌파해 영국인을 제쳤다.

일본인 인구가 늘어남에 따라 상하이를 방문하는 사람의 숫자도 격증했다. 마침 1910년대부터 대두하기 시작한 관광 산업은 일본인의 상하이 방문을 더욱 용이하게 했는데, 그 중에서도 일본우선(日本郵船), 동양기선(東洋汽船), 남만주철도주식회사(만철)가 공동출자한 JTB (Japan Tourist Bureau)는 조선, 중국 동북지방('만주'), 남중국을 연결하는 관광 상품을 차례로 개발해 인기를 끌었다. 당시 많은 종류의 중국 여행 안내서가 출현한 것도 그러한 이유에서였다.[2] 결과적으로 일본인의 상하이 방문은 더욱 일반화되어 크게 두 가지 노선, 즉 조선과 중국 동북지방을 경유하는 노선과 나가사키 등지에서 직접 기선을 타고 건너가는 노선을 통해 이루어졌다.

상하이는 나가사키에서 배를 타고 한나절 반이면 도착하는 항구도시로, 당시 나가사키에서 기차를 이용해 도쿄(東京)로 가는 것보다 시간적으로 가까운 거리에 있었다. 상하이는 또 일본인이 여권 없이 갈

---

[1] 副島円照,「戰前期中國在留日本人人口統計(稿)」,『和歌山大學敎育學部紀要 人文科學』33, 1984.
[2] 劉建輝,『魔都上海: 日本知識人の「近代」體驗』, 講談社選書メチエ, 2000, 181~185쪽. 이 책은 메이지유신 전후부터 패전에 이르기까지 근대 일본지식인들의 상하이 체험이 갖는 의미를 개관한 것으로, 여러 시사점을 제공하고 있다. 본 논문도 류젠후이(劉建輝)의 연구로부터 많은 도움을 받았음을 밝혀둔다.

수 있는 유일한 외국 도시였다. '나가사키 현 상하이 시(長崎縣 上海
市)'라는 말이 있었던 데서 알 수 있듯이 근대 일본에서 상하이는 '중
국이면서 중국이 아닌' 곳이었다.[3] 그러나 일본인 방문자들에게 상하
이가 갖는 매력은 단지 지리적 근접성이나 절차적 간편함만으로는 설
명될 수 없는 것이었다. '대중작가' 무라마쓰 쇼후(村松梢風)는 자신의
상하이 방문 목적을 다음과 같이 밝히고 있었다.

> 내가 상하이에 간 목적은 다른 세계를 보기 위해서였다. 변화
> 와 자극에 넘친 생활을 원했기 때문이었다. 그러한 목적을 위해
> 서는 상하이가 가장 적합한 땅이었다. 상하이는 보기에 따라서는
> 정말로 이상한 도시였다. 그곳에서는 세계 각국의 인종이 혼연히
> 잡거하고 있어, 모든 나라의 인정(人情)과 풍속과 습속이 아무런
> 통일도 없이 그 모습을 드러내고 있었다. (중략) 그곳은 문명의
> 빛이 찬란하게 빛나고 있음과 동시에 모든 비밀과 죄악이 악마의
> 소굴처럼 꿈틀거리고 있었다. 극단적인 자유, 사람을 현혹시키는
> 화려한 생활, 가슴이 답답해오는 음탕한 공기, 지옥과 같은 처참
> 한 하류 생활, 그러한 극단적인 현상이 노골적으로 혹은 보이지
> 않는 곳에 팽배해 있었다. 그곳은 천국임과 동시에 지옥과 같은
> 도시였다.[4]

---

[3] '나가사키 현 상하이 시'라는 말은 당시 일본 사회의 대외팽창적인 분위기를 상
징하는 수사로, 나가사키가 근세시기를 통해 대외 창구로 기능한 데에서 유래한
다. 역사학자 가노 마사나오(鹿野政直)는 청일전쟁 후 요미우리신문(讀賣新聞)
주필이었던 나카이 긴조(中井錦城)가 자신이 "나가사키 현 부산초(釜山町)"로 보
낸 편지가 무사히 도착한 사실을 알고 크게 기뻐했다는 일화를 소개하고 있다.
鹿野政直, 『日本の近代思想』, 岩波新書, 2002, 8쪽. '나가사키 현 다롄(大連) 시'
또한 같은 문맥에서의 표현이다.

[4] 村松梢風, 『魔都』, 小西書店, 1924, 「自序」. 이하, 동 작품의 인용은 본문 안에 페
이지 수만 표시한다.

잘 정돈된 도시 설비와 화려한 식민지풍 건축물. 그것과 공존하는 아편굴과 매음굴. 무라마쓰가 본 것은 두 가지 모습의 상하이였다. 서구 자본에 의해 만들어진 근대적 도시경관과 그와 대조를 이루는 중국 사회의 신음소리와 퇴폐적 현상이 그것이다. 이러한 이중적 이미지, 그 중에서도 특히 후자의 마성적 매력을 강조한 것이 바로 무라마쓰의 『마도(魔都)』였는데, 이 작품은 그 뒤 상하이의 마도 이미지를 일반화시키는 데 결정적으로 기여했다. 이에 관해서는 본론 속에서 다시 거론하기로 하고, 여기서는 우선 1910년대 이후 일본인의 상하이 방문이 단지 지리적 접근성이나 관광 인프라 구축과 같은 물리적 이유에서뿐만 아니라 상하이가 갖고 있는 이중성, 즉 근대적 국제도시로서의 이미지와 식민지적 현실이 낳은 그로테스크한 마도 이미지의 공존에서 비롯하고 있었다는 점을 확인해두기로 하자.

당시 상하이를 방문한 일본인들은 단순한 관광에서부터 현실 도피, 일확천금을 꿈꾸는 경제적 야심, 중국 침략의 첨병으로 암약한 대륙 낭인들의 정치적 목적에 이르기까지 실로 다양한 동기를 갖고 있었다. 그런 만큼 상하이를 방문한 인간 군상도 댄스 걸에서 저명한 문화인에 이르기까지 다양한 계층을 이루고 있었다. 이 장에서 언급하는 작가들은 그러한 시대상황 속에서 상하이를 방문한 사람들이었다. 그들은 제각기 방문 목적도 달랐고, 상하이에서의 경험도 달랐다. 그러나 그들이 그곳에서 공통적으로 체험한 것은 국제적 식민지도시 상하이의 지정학적 현실이었다. 결과적으로 그들의 상하이 체험은 그 후 각자의 사상 활동과 작품세계에 커다란 영향을 미치게 된다.

이 논문의 목적은 근대 일본 작가들이 남긴 상하이 방문기를 통해 식민지도시 상하이에서 전개된 문화 접촉의 구체적인 양상을 살펴보는 일이다. 그들은 상하이에서 무엇을 보고, 무엇을 보지 못했는가. 상하이 경험은 그들의 사상에 어떠한 변화를 가져왔고, 그것은 작품 세계에 어떤 영향을 미쳤는가. 이러한 것을 생각하려는 이유는 근대 일본의 아시아 인식에 보이는 식민주의의 문제가 여전히 현재진행형의 과제로 남아있기 때문이다. 중국사상사 연구자인 노무라 고이치(野村浩一)는 일찍이 "근대 일본의 역사는 중국 인식 실패의 역사였다. 그리고 그러한 역사는 지금도 기본적으로 변화했다고 할 수 없다"[5]고 말했다. 이러한 무거운 역사적 현실을 받아들인다면 근대 일본 작가들의 상하이 체험 속에서 탈경계적 공생의 논리를 발견하는 작업은 여전히 현재적 의미를 지닌다고 할 수 있을 것이다.

2. 이국취미와 제국의 시선

村松梢風

『마도』는 1923년 3월부터 5월까지 약 2개월 반에 걸친 상하이 체재 경험을 바탕으로 한 여행기였다. 그 안에서 무라마쓰는 귀국 소감을 다음과 같이 밝히고 있다.

　　다음날 아침 눈을 뜨자 배는 양쯔 강(揚子江)을 빠져나와 바다
　　위를 항해하고 있었다. 창문너머로 황색 바다를 바라보았다. 나
　　는 일순간에 2개월간의 상하이 생활을 회고했다. 그 때 내 기분

---

5) 野村浩一, 『近代日本の中國認識: アジアへの航跡』, 研文出版, 1981, 47쪽.

은 한마디로 번계(蕃界) 탐험을 마치고 돌아오는 탐험가의 기분
과 같은 느낌이었다.(116쪽)

이 같은 감회는 무라마쓰의 본래의 방문 목적을 생각할 때 매우 자
연스러운 것이었다. 이미 소개한 바와 같이 그의 상하이 방문은 처음
부터 '변화와 자극에 넘친 다른 세계'를 보기 위한 호사가적 동기에 의
해 이루어진 것으로, 상하이 방문 목적을 묻는 중국인의 질문에 대해
서도 무라마쓰는 "단지 특이한 땅이 보고 싶었기 때문입니다. (중략)
이번에 와서 보니 상하이처럼 재미있는 곳은 세계에서 찾아볼 수 없
다고 생각했습니다."(64쪽)라고 태연하게 대답하고 있었다. "탐험가의
기분"이라는 그의 심경은 결코 과장된 수사가 아니었던 것이다.『마도』
를 관통하고 있는 것은 미개사회(번계)를 조사하는 인류학자(탐험가)
의 시선과 흥분이었다.

무라마쓰가 상하이에서 목격한 것은 문명과 퇴폐가 공존하는 상하
이의 이중성이었다. 근대적 문명도시 상하이와 마도 상하이는 각각
상하이의 일면을 상징하는 표현이기도 했다. 따라서 상하이의 이중성
에 주목하는 그의 태도는 나름 존재를 있는 그대로 파악하려는 관찰
자의 시선이라고도 할 수 있을 것이다. 그러나 무라마쓰의 관심은 화
려한 문명도시보다는 확연히 암흑의 상하이에 치중되어 있었다. 근대
적 도시경관은 "표면적 현상"에 지나지 않고, "암흑과 비밀에 가득 찬"
모습이야말로 "상하이의 본체"(26쪽)라고 생각하는 무라마쓰는 "무질
서, 무통일, 혼돈, 죄악의 소굴, 무절조, 무도덕"(66쪽)의 상하이에 빠
져 들어갔다. 그래서 그는 "상하이는 지나(支那)6)의 상하이가 아니다.

6) '지나'는 중국을 멸시하여 부르는 말이지만, 이 책에서는 멸칭을 멸칭이라고도 인

외국인의 상하이다"(73쪽)라는 현실을 눈앞에 두고서도 중국의 내셔널
리즘에 대해 다음과 같이 조소할 수 있었다. 매음굴에서의 일이었다.

> 테이블에 놓여 있는 요리가 차례로 옆방으로 옮겨져 갔다. (중
> 략) 옆방 사람들은 술판이 시작되자 잠시 마작을 멈추고 이야기
> 를 시작했다. '21개조'라는 단어가 자주 귀에 들어왔다. 이상하게
> 여겨 朱君(동반한 중국인: 인용자)에게 물어보니 21개조 문제와
> 다롄(大連) 뤼순(旅順) 환부 문제에 대해 논의하고 있다는 대답이
> 돌아왔다. 매음굴에 와서 노름을 하며 국사(國事)를 논하는 것을
> 보니 역시 지나답다는 느낌이 들었다.(34쪽)

무라마쓰가 상하이를 찾았을 당시 중국 사회는 아직도 5 · 4운동의
여파가 가시지 않은 상태였다. 1차 대전 중에 일어난 러시아혁명과
윌슨이 표방한 민족자결주의 원칙은 '새로운 세계'의 도래를 예감하게
했지만, 정작 베르사유 강화회의를 지배한 것은 전통적인 분할과 병
합을 주장하는 현실주의였다. 당시의 국제질서를 "강도 세계"[7]에 빗
대어 비판한 리다자오(李大釗)의 절망감이나, 강화회의의 결과를 접
하고 "어떠한 공리(公理)도, 어떠한 영구평화도, 어떠한 윌슨 대통령
의 14개조 선언도, 모두 한 푼의 가치도 없는 공담(空談)이 되었다"[8]

식하지 못한 당대의 집단적 무의식을 문제시하려는 의도에서 원문 그대로 지나
라는 말을 사용하고자 한다. 이하, 각장에서 지나가 처음 나올 때에 한해 한자를
병기하지만, 이해를 돕거나 문맥상의 오독을 피하기 위해 한자를 함께 표시하는
경우도 있다.

[7] 李大釗,「秘密外交と强盜世界」, 西順藏 편,『原典中國近代思想史 4: 五四運動か
ら國民革命まで』, 岩波書店, 1977.

[8] 陳獨秀,「二つの平和會議はともに無用である」,『每週評論』 20호, 1919년 5월 4일,
野村浩一,『近代中國の思想世界:『新靑年』の群像』, 岩波書店, 225쪽에서 재인용.

고 쓴 천두슈(陳獨秀)의 실망감은 대전 후의 국제질서에 대한 중국 사회의 의사 표시였다. 무라마쓰의 귀에 들어온 '21개조'는 바로 그러한 중국 사회의 실망감과 저항감을 상징하는 단어였던 것이다.

그러나 다른 세계와 자극에 넘친 생활을 동경하여 상하이를 찾은 무라마쓰는 중국이 처한 반식민지 상황조차 중국인과 중국 사회의 이질성을 강조하기 위한 하나의 배경적 소재로 이용할 뿐이었다. 그는 이 일화를 소개한 뒤 곧이어 그날 밤을 같이 보내게 될 '桂英'이라는 이름의 매춘부로 화제를 옮겨간다. 사토 하루오(佐藤春夫)의 소개로 실현된 창조사(創造社) 동인들과의 만남, 구체적으로는 당시 신문화운동을 주도하고 있던 톈한(田漢), 궈모뤄(郭末若) 등과의 조우가 결국 무라마쓰의 중국 인식에 아무런 변화를 가져오지 못한 것은 그의 본래의 방문 목적을 상기할 때 처음부터 이미 예견된 일이었다고 할 수 있다.

가와무라 미나토(川村湊)가 지적하는 것처럼 상하이의 암부에 주목하는 『마도』가 "도식적인 인간상"이 아닌 "현실의 살아있는 '중국인'[9]"을 그리는 데 일정 정도 성공한 것도 사실이다. 상하이의 이중성에 주목하는 무라마쓰는 상하이의 "문명적 설비"가 "인간의 생활에 물질문명이라는 외투를 걸쳐놓은 것"에 지나지 않는 것으로, 그 기반이 되어야 할 "정신문명"(65쪽)이 부재하다는 사실을 간파할 수 있었다. 또한 그는 중국인의 출입을 금지한 공원 울타리 밖에서 부러운 눈으로 공원 안을 응시하는 중국 아이들을 보고는 중국 사회의 이권회수운동이

---

[9] 川村湊, 「"シャンハイ"された都市: 五つの「上海」物語」, 川村湊, 『アジアという鏡: 極東の近代』, 思潮社, 1989, 45쪽. 가와무라의 이러한 평가는 요코미쓰 리이치(橫光利一)의 작품 『上海』, 改造社, 1932와의 비교를 통한 것이다.

"무리도 아니라는"(74쪽) 감상을 흘리기도 했다.

그러나 그럼에도 불구하고 암흑의 상하이에 대해 편집증적 애정을 표시하는 무라마쓰의 상하이론은, 결론적으로 이야기해서 일종의 이국취미에서 벗어나지 못하는 것이었다. 중국이 처한 정치적 상황에 약간의 동정을 표하면서도, 중국 측의 일본 비판에 대해서는 일본의 관료 군벌은 중국의 그것과 사뭇 다르고, 그들도 나름 "국가의 부를 증진시켜 왔다"(75쪽)고 강변하는 무라마쓰에게 타자 발견과 자기 성찰을 기대할 수 없는 것은 어쩌면 당연한 일이었다. "관료나 군벌은 싫지만 일본이 지는 일은 무엇보다 울화가 치민다."(75쪽)는 그의 고백은 『마도』가 일본의 중국 침략을 묵인 내지 긍정하는 제국적 언설로 기능할 가능성조차 내포하고 있었다는 사실을 말해준다.

무라마쓰는 『마도』를 발표한 뒤 『상하이(上海)』(騷人社, 1927), 『지나 만담(支那漫談)』(騷人社, 1928), 『신 상하이 방문기(新上海訪問記)』(騷人社, 1929) 등을 잇달아 공간하여 중국과의 인연을 이어갔다. 그는 『지나 만담』의 서문에서 "지나는 나의 연인"임을 표명하며 "지나 연구"를 라이프 워크("生涯の仕事")[10]로 삼을 것을 천명하고 있었다. 하지만 무라마쓰의 상하이론이 그 뒤 일본과 아시아의 관계를 생각할 때 하나의 준거 틀로 등장하는 일은, 적어도 근대 일본에서는 찾아볼 수 없었다. "마도 탐닉자(耽溺者)"[11] 무라마쓰가 남긴 최대의 족적은 상하이의 마도 이미지를 일반화시키는 데 결정적으로 공헌한 일이었다. 이후 쿨리, 걸인, 도박, 매춘, 아편 등은 근대 일본의 상하이 관련

---

[10] 和田博文,「村松梢風: 他者と出會うための旅」, 和田博文・大橋毅彦・眞鍋正宏・竹松良明・和田桂子, 『言語都市・上海: 1840-1945』, 藤原書店, 1999, 50쪽에서 재인용.

[11] 劉建輝, 『魔都上海: 日本知識人の「近代」體驗』, 203~204쪽.

서적('上海もの')의 단골 주제가 되었다.

谷崎潤一郎

무라마쓰가 상하이의 이중성과 이질성에 천착하며 상하이론을 전개했다면 아래에 소개하는 다니자키 준이치로(谷崎潤一郎)와 아쿠타가와 류노스케(芥川龍之介)의 인식의 기저에는 전통 중국 내지 고전 중국에의 심취가 깔려 있었다. 두 사람은 또한 무라마쓰의 경우와는 달리 이미 일본 문단에서 확고한 지위를 획득하고 있었다는 점에서도 달랐다.

다니자키는 1919년과 1926년에 두 번에 걸쳐 상하이를 방문했다. 그때의 경험을 바탕으로 다니자키는 14편의 중국 관련 소설, 기행문, 희곡 등을 발표했는데,[12] 그 작품들을 관통하는 주제는, 한마디로 일본 혐오와 그 반동으로서 전통 중국에 대한 애정이었다. 다니자키는 1934년 『중앙공론(中央公論)』에 발표한 글에서 상하이 방문 동기를 이렇게 밝히고 있었다.

> 나는 서양 영화에서 나오는 완비된 도시 모습을 보면서 점점 도쿄를 싫어하고 동양의 한 구석에서 태어난 자신의 불행을 슬퍼했다. 만약 그 당시 돈이 있고 처자의 구속이 없었다면 나는 아마 서양으로 달려가 서양인의 생활에 동화해, 그들을 소재로 소설을 쓰고 한 해라도 더 길게 그곳에 머물렀을 것이다. 다이쇼(大正) 7년(1918년: 인용자) 내가 지나에 간 것은 그러한 채워지지 못한

---

12) 劉建輝, 『魔都上海: 日本知識人の「近代」體驗』, 190쪽.

이국취미를 조금이나마 치유하기 위해서였는데, 여행의 결과 나
는 더욱 도쿄를 혐오하게 되었고 일본을 싫어하게 되었다. 왜냐
하면 지나에는 청나라 시대의 향수를 전하는 평화롭고 한적한 도
시와 전원, 그리고 영화에서 보는 서양의 모습에 견줄만한 상하
이나 톈진(天津)과 같은 근대도시들이 있어, 신구 양문명이 어깨
를 나란히 하며 존재하고 있었다. 과도기의 일본은 그 중 하나를
잃고 다른 하나를 얻으려 하고 있었지만, 자신들의 나라 안에 조
차지라는 '외국'을 가지고 있는 지나에는 이 두 가지가 서로 침범
하지 않고 양립하고 있었다.[13]

조차지라는 '외국'과 전통 중국의 조화라는 다니자키의 소박한 현실
관찰에 대해서는 다시 언급하기로 하고, 여기서는 그의 첫 번째 중국
방문이 1910년대 일본의 반쪽짜리 근대성에 대한 반동적 행위였다는
점을 확인해두기로 하자. 다니자키가 중국에서 발견한 것은 상하이나
톈진과 같은 국제도시에서 볼 수 있는 서양의 모습에 견줄만한 '근대'
와 중소 지방 도시에 잔존하는 '전통'의 공존이었다. 그가 상하이를 보
고 "유럽 땅을 밟은 듯이 기쁨"을 느끼고, 일본의 근대를 혐오하는 마
음과 "중국과 서양에 대한 애정"(149~150쪽)을 더해 간 것은 바로 그러
한 이유에서였다.

처음으로 찾은 상하이에 "집을 한 채 마련해도 좋다"[14]고 생각할 만
큼 호감을 가진 것도, 화방(畵舫)을 타고 수로를 거슬러 올라가면서
감상한 장난(江南)의 풍경에 향수를 느낀 것도 "신구 양 문명"의 조화,

---

13) 「東京をおもふ」, 『谷崎潤一郎全集 22』, 中央公論社, 1959, 149쪽.
14) 「上海見聞錄」(초출은 『文藝春秋』 1926년 5월), 千葉俊二 편, 『谷崎潤一郎 上海交
遊記』, みすず書房, 2004, 143쪽. 이 책은 다니자키의 중국 관련 작품을 한데 묶
은 책이다.

즉 근대와 전통이 공존하는 중국 사회에 대한 다니자키의 일방통행적
애정 표현의 한 예였다.[15) 따라서 다니자키가 "지나인들을 개나 고양
이 취급하듯 하는"[16) 중국 재주 일본인들의 태도에 불쾌감을 표시한
다 하더라도 그것은 일본 혐오의 연장선상에 있는 발언이지 당대 중
국이 처한 상황에 대한 객관적인 인식과는 무관한 것이었다. 오히려
혁명을 둘러싼 중국의 내전 상태는 다니자키의 여행을 방해하는 요소
로 작용했다. 친화이(秦淮)를 찾았을 때 그는 "혁명 소동"으로 조용해
진 시내를 보고 다음과 같이 불만을 토로했다.

> 밤이 이렇게 적적한 이유는 혁명 소동으로 많은 병사가 쳐들
> 어왔기 때문이라고 한다. 들은 바에 의하면 지나에서 가장 위험
> 한 것은 병사라고 한다. 내가 경험한 바도 일반 토민(土民)은 성
> 질이 매우 온화하여 난폭하게 구는 이를 본 적이 없다. 골치가 아
> 픈 것은 병사뿐이다. (중략) 이 주변은 지금 지극히 평온한데 무
> 슨 까닭으로 병사가 주둔하고 있는지 이유를 모르겠다. 그들은
> 쓸데없이 시중의 명찰가람(名刹伽藍)을 병영으로 점령하여 인심
> 을 불안하게 하고 있을 뿐이다.[17)

이 날 다니자키는 난징(南京) 요리점과 유곽을 전전한 뒤 "三弗"을
주고 "花月樓"라는 이름의 매춘부와 하룻밤을 같이 보냈다.(72쪽) 다

---

15) 중국 전통 사회를 소재로 한 다니자키의 작품으로 「蘇州紀行」(초출은 『中央公論』
1919년 2, 3월); 「廬山日記」(초출은 『中央公論』 1921년 9월); 「秦淮の夜」(초출은 『中
外』 1919년 2월과 『新小說』 1919년 3월); 「西湖の月」(초출은 『改造』 1919년 6월)
등이 있다. 이러한 작품들은 모두 千葉俊二 편, 『谷崎潤一郎 上海交遊記』에 수록
되어 있다.
16) 「蘇州紀行」, 18쪽.
17) 「秦淮の夜」, 50쪽.

니자키의 이국취미적인 중국관이 당시 중국 사회가 겪고 있던 혼돈과
고통에 대한 무지와 표리의 관계를 이루고 있었음을 이 일화는 말해
주고 있다.

다니자키는 1926년 1월부터 2월에 걸쳐 약 한 달 반 동안 상하이를
다시 찾았다. 그런데 그는 이 두 번째 상하이 방문에서 첫 번째와는
사뭇 다른 인상을 갖고 되돌아왔다. 귀국 후 다니자키는 아래와 같은
실망감을 피력하고 있었다.

> 상하이라는 곳은 한편에서 매우 하이 칼라하게 발달하고 있지
> 만 다른 한편에서는 도쿄보다 훨씬 시골스러운 느낌을 준다. (댄
> 스홀, 활동사진, 호텔 서비스, 요리 등의 문제를 지적한 뒤: 인용
> 자) 지나인의 풍속도 서양을 나쁘게 모방해 8년 전에 왔을 때와
> 는 상당히 다른 인상을 받았다. 마음에 들면 상하이에 집을 한 채
> 마련해도 좋다고까지 생각하고 있었던 나는 매우 실망하며 돌아
> 왔다. 서양을 알기 위해서는 역시 서양에 가야만 하고 지나를 알
> 기 위해서는 베이징(北京)에 가야만 된다.[18]

이 같은 심경의 변화를 초래한 이유에 대해서 다니자키는 아무런
말도 남기지 않았지만, 한 가지 분명한 점은 그의 두 번째 상하이 방
문기에서는 고전 중국이나 '근대와 전통의 공존'에 대한 동경과 흥분
을 찾아볼 수 없다는 사실이다. 지바 슌이치(千葉俊一)는 그 원인으로
우치야마 간조(內山完造)의 주선으로 이루어진 창조사 동인들과의 만
남을 들고 있다. 즉 신문화운동을 견인하고 있던 중국 지식인들과의

----

18) 「上海見聞錄」, 142~143쪽.

조우를 통해 "인간의 얼굴을 한 중국과 마주하게"[19) 됨으로써 다니자
키의 중국 인식은 크게 변모하게 되었다는 것이다. 실제로 그가 스스
로 밝히고 있는 것처럼 다니자키의 두 번째 상하이 방문에서 "가장 유
쾌했던 일은 그곳의 젊은 예술가들과의 교재"20)였다. 「상하이 교유기
(上海交遊記)」21)는 그러한 '교재'의 실상을 그린 작품이었는데, 그 안
에는 중국 문단에 대한 연대감과 중국의 정치적 현실에 대한 당혹감
이 교차하고 있었다.

당시 베이쓰촨루(北四川路)에서 서점을 경영하고 있던 우치야마 간
조는 상하이를 찾은 일본 작가들에게 루쉰(魯迅)과 창조사 동인들을
소개하는 등 양국 간의 민간 문화교류를 추진하고 있었다.22) 다니자
키는 우치야마를 통해 신문화운동의 기수들, 구체적으로는 톈한, 궈
모뤄, 오우양셰첸(歐陽豫倩) 등과 만났다. 이 만남에서 다니자키가
"무엇보다도" 알고 싶어 했던 사안은 중국에 번역 소개된 일본 문학
작품의 "범위와 종류"(153쪽)에 관해서였다. 이를 전해 듣고 당대 중국
의 문단 상황을 "우리들의 '신사조(新思潮)' 시대"에 해당하는 것으로
이해하며 "나는 다시 자신의 지난날을 되돌아보며 오늘 그들의 선배
로서 이 자리에 있는 사실을 유쾌하게 생각했다"(154쪽)고 말하는 다
니자키의 감상에는 일종의 연대의식과 선진의식이 공존하고 있었다.
그 뒤 다니자키와 중국 문인들과의 대화는 상하이의 영화 산업, 중국과

---

19) 千葉俊一, 「解說: オリエンタリズムを越えて」, 千葉俊二 편, 『谷崎潤一郎 上海交
遊記』, 257쪽.
20) 「上海見聞錄」, 136쪽.
21) 초출은 『女性』 1926년 5, 6, 8월. 千葉俊二 편, 『谷崎潤一郎 上海交遊記』 수록.
22) 당시 양국 지식인들 사이에서 "문화 살롱" 역할을 한 우치야마서점에 관해서는
太田尙樹, 『傳說の日中文化サロン: 上海・內山書店』, 平凡社新書, 2008이 상세하다.

일본의 음식문화, 작가의 원고료 등으로 화제를 옮겨갔다.(154~160쪽)

다니자키가 '인간의 얼굴을 한 중국과 마주하게' 되는 것은 모임이 끝난 뒤 톈한, 궈모뤄와 함께 가진 술자리에서였다. 중국이 처한 반식민지 상황에 분개하며 국민적 각성을 열변하는 두 사람의 이야기를 들으며 다니자키는 "나는 그 한마디 한마디가 모두 지당하다고 생각했다. 설사 양인의 관찰에 틀린 데가 있다고 해도 (나는 그렇다고 생각하지 않지만) 두 사람의 마음을 어둡게 만드는 고민 그 자체는 존중해야 한다."(164쪽)고 생각했다. 조금 과장되게 이야기하면 이때 자니자키는 비로소 타자로서의 중국을 발견했다.

다니자키가 상하이를 재방하기 바로 직전, 상하이에서는 일본과 영국의 제국주의에 반대하는 대규모 시위운동이 일어났다. 5・30사건이 그것이다. 사건은 1925년 2월 노동자에 대한 구타와 저임금을 이유로 발생한 스트라이크를 계기로 동맹파업, 폭동, 발포와 사망 사건을 거쳐 5월 30일 상하이 전역의 배일운동으로 이어졌다.[23] 1차 대전 이후 일본 방직업계의 적극적인 진출로 '면업의 도시'로 변모한 상하이는 "내셔널리즘이 존재하지 않는 도시"[24]에서 '정치의 도시'로 급선회하고 있었던 것이다.

다니자키가 상하이를 다시 찾았을 무렵 사태는 이미 진압되었지만 아직도 그 여진이 생생히 남아있는 상태였을 것이다. 그가 톈한과 궈

---

[23] 5・30사건을 소재로 한 소설로 요코미쓰 리이치(橫光利一)의 『上海』가 유명하다. 당시 일본의 저널리즘이 5・30사건을 주로 중국의 무국가적 혼란의 한 예로 치부하는 경향이 일반적이었던 데 비해, 요코미쓰의 작품은 일본과 중국을 '먹고 먹히는' 관계로 그리고 있다. 요코미쓰의 『上海』에 대한 출중한 분석으로는 앞서 소개한 川村湊, 「"シャンハイ"された都市: 五つの「上海」物語」가 있다.

[24] 劉建輝, 『魔都上海: 日本知識人の「近代」體驗』, 8쪽.

모뤄의 입을 통해 전해들은 중국의 정치적 현실이란 바로 그러한 상황을 말하는 것이었다. 두 번째로 방문한 상하이에서 중국의 정치적 현실, 다시 말해 인간의 얼굴을 한 상하이를 목격한 다니자키가 더 이상 '조차지라는 '외국'과 전통 중국의 조화'를 언급하지 않는 것은 당연한 일이었다.

홋날 중일 전면전쟁 시기, 다니자키는 톈한과 오우양셰첸의 안부를 걱정하며 아래와 같은 심경을 토로하고 있었다.

> 지금에 와서 이야기해도 이미 소용없지만 적어도 그 당시(상하이 방문 시: 인용자)부터 일지쌍방의 문단인들 사이에 그러한 만남이 좀 더 자주 있고 또 양국의 작품을 번역해서 소개하는 일이 많았다면 두 나라 국민 전반의 융화와 양해를 촉진시키는 데 일정 부분 기여했을 것이고, 나아가 오늘날의 불행한 사태의 발생에 대해서도 얼마간의 방벽이 되었을 것이다. 우리들 문예가는 양국의 정치적 충돌이나 경제적 불화나 일반 대중의 일화배척(일본상품 불매운동: 인용자) 등과 관계없이 그것을 하려고 들면 할 수 있는 입장에 있었다.[25]

두 번째 방문에서 이루어진 중국 문인들과의 사적 교류는 다니자키가 평생토록 아름다운 추억으로 간직한 상하이 체험 중 하나였다. 그것은 1920년대라는 정치의 계절 한가운데서 일시적이나마 문화의 힘을 보여준 사례이기도 했다. 하지만 결론적으로 이야기해서 중국 지식인들에 대한 다니자키의 공감이 자신과 일본을 되돌아보는 계기가

---

25) 「きのふけふ」(초출은 『文藝春秋』 1942년 6~11월), 千葉俊二 편, 『谷崎潤一郎 上海交遊記』, 201쪽.

되는 일은 그 뒤 결국 일어나지 않았다. 오히려 그는 정치의 도시로 변화한 상하이에 실망감을 드러내고 있었고, 톈한과 궈모뤄의 고뇌에 대해서도 공감을 표할 뿐 양국 사이에 가로놓인 정치의 문제에 침묵했다.

선행 연구가 지적하는 것처럼 중국 지식인들과의 조우가 다니자키의 오리엔탈리즘 극복의 중요한 계기가 된 점은 부정할 수 없는 사실이다.[26] 그러나 타자로서의 중국 발견이 비판적 자기성찰로 이어지지 않는 한 그것은 반쪽짜리 극복에 지나지 않는 것이었다. 중국 문인들과의 사적 문화교류가 양국 간의 충돌의 "방벽"이 되기 위해서는 정치적 현안과의 "관계" 속에서 자신과 일본을 재고하는 사상적 도약이 필요했지만 다니자키는 끝내 인간의 얼굴을 한 중국과 마주하려 들지 않았다.

다니자키는 1910, 20년대 일본 문단에서 아쿠타가와 류노스케, 사토 하루오와 함께 이른바 '지나 취미(支那趣味) 3인방' 가운데 한 사람이었다. 윤상인이 말하는 것처럼 "이들은 모두가 중국을 여행했고, 중국의 고전이나 여행체험을 바탕으로 한 소설을 발표했다. 이들의 중국 관련 언설은 다이쇼와 쇼와시대의 중국 이미지 형성에 적지 않은 영향을 미쳤다."[27] 그러나, 이 또한 윤상인의 연구가 이미 지적하고 있는 점이지만, "다이쇼시대의 중국통"의 '지나 취미'는 "중국이라는 객체를 위안과 향락에 대한 기대 지평으로 호명하는 오리엔탈리즘적인 시선"으로부터 결코 자유롭지 못했다. 다니자키도 그 예외가 아닌 것

---

[26] 千葉俊一, 「解説: オリエンタリズムを越えて」; 西原大輔, 『谷崎潤一郎とオリエンタリズム: 大正日本の中國幻想』, 中公叢書, 2003.

[27] 윤상인, 「포섭과 지배장치로서의 문학번역: 사토 하루오와 중국」, 『아시아문화연구』 37, 2015.

은 물론이다. 다니자키에게 전통 중국에의 심취와 현대 중국에 대한 무지는 표리의 관계에 있었다. 전통 중국의 발견은 잃어버린 자기를 복원하거나 창작의 소재를 제공하는 하나의 수단적 의미를 지닐 뿐이었다. 따라서 그것은 새로운 타자 발견이나 자기 성찰로 연결되지 못하는 사상적 행위였다고 할 수 있다. 이러한 점에서 아래에 소개하는 아쿠타가와 류노스케는 다니자키와 많은 유사점을 공유하고 있었다.

芥川龍之介

1920년대 일본 문단에서 이미 거물로 자리 잡고 있던 아쿠타가와의 중국 방문은 그의 존재감에 걸맞게 오사카마이니치 신문사(大阪毎日新聞社) 해외시찰원 자격으로 이루어졌다. 1921년 3월부터 약 4개월에 걸친 중국 방문 동안, 아쿠타가와는 늑막염으로 인한 3주간의 입원 기간을 제외하고는 정력적으로 중국을 관찰했다. 귀국 후 그는 『오사카마이니치 신문』에 연재한 「상하이 유기(上海遊記)」와 「장난 유기(江南遊記)」 등을 한데 묶어 『지나 유기(支那遊記)』[28]를 출간했다. 그런데 이 작품에 묘사된 상하이는 부정적인 시각으로 가득 차 있었다. 부두에 도착하자마자 아쿠타가와가 느낀 첫인상은 "불결 그 자체"(12쪽)였다. 그리고 그의 "입에서 튀어나온 최초의 기념할 만한 지나어(支那語)"는 차부를 뿌리치며 하는 말 "부야오(不要)"(17쪽)였다. 아쿠타가와의 상하이 방문은 시종일관 이러한 태도의 연속이었다.

---

28) 『支那遊記』, 改造社, 1925. 이 책에는 상기 두 작품 외에도 「長江遊記」, 「北京日記抄」, 「雜信一束」이 수록되었다. 본 논문에서의 인용은 『上海遊記 江南遊記』, 講談社學藝文庫, 2001.

아쿠타가와가 상하이에서 목격한 것은 천박한 서양("下品な西洋")
의 모습을 한 중국이었다. 아래는 그가 어느 '카페'[29]의 풍경을 묘사한
대목이다.

> 이 카페는 파리지앵(카페 이름: 인용자)보다 꽤 수준이 떨어지
> 는 곳 같다. 분홍색 칠을 한 벽 가까이에서는 가르마를 탄 지나
> 소년이 커다란 피아노를 치고 있다. 그리고 카페 한가운데에서는
> 서너 명의 영국 수병(水兵)이 볼연지를 짙게 바른 여자들을 상대
> 로 한심스러운 춤을 추고 있다. 입구 유리문 근처에서는 장미꽃
> 을 파는 지나 노파가 내게 부야오(不要)를 한 대 먹은 뒤 멍하니
> 춤추는 모습을 바라보고 있다. 나는 왠지 그림신문(畵入新聞)의
> 삽화라도 보고 있는 느낌이 들었다. 그림의 제목은 물론 '상하이'
> 이다.(18쪽)

상하이의 '근대'에 대한 아쿠타가와의 혐오감은 어린 시절부터 품어
온 중국의 고전과 한학적 전통에 대한 경외심의 반동이기도 했다.
1892년생인 아쿠타가와는 서구의 근대적 학문과 함께 한학적 교양을
가치로 삼는 시대적 분위기 속에서 사상을 형성한 인물이었다. 그가
유년기에 즐겨 읽었던 애독서로 『서유기』와 『수호전』을 들고, "한 때
는 「수호전」 속의 백팔 명의 호걸의 이름을 모두 암기하고"[30] 있었다
는 사실은 아쿠타가와가 속한 세대의 사람들에게 흔히 볼 수 있는 일

---

29) 和田博文 외, 『言語都市・上海: 1840-1945』의 「Ⅳ 上海事典」에 의하면 당시 상하
이의 카페는 "식사, 음료는 물론, 오후 10시가 지나면 오케스트라 연주에 맞춰 댄
스"(183쪽)도 가능한 공간이었다고 한다.
30) 「愛讀書の印象」, 『芥川龍之介全集 第5卷』, 岩波書店, 1977, 299쪽. 손순옥, 「아쿠타
가와 류노스케의 『上海遊記』와 요코미츠 리이치의 『上海』 연구」, 『일어일문학』
64, 2014에서 재인용.

상하이 부두
(출전: 『世界地理風俗大系 Ⅲ』, 新光社, 1932, 32쪽)

화 가운데 하나이다.

그런 만큼 현대 중국에 대한 아쿠타가와의 실망감은 격렬한 것이었다. "현대 지나라는 것은 시문에 있는 지나가 아니다. 외설적이고 잔혹하고 게걸스러운 소설 속에 있는 지나다"라고 단언하는 아쿠타가와는 "문장궤범(文章軌範)이나 당시선(唐詩選) 외에 지나 있음을 알지 못하는 한학 취미는 이제 일본에서 소멸되어야"(28쪽) 한다고까지 말했다. 이러한 발언에는 고전 중국의 종언과 현대 중국의 혼돈에 대한 그의 실망감이 여과되지 않은 채 드러나 있었다.

이미 언급한 바와 같이 아쿠타가와의 중국 방문은 오사카마이니치신문사의 위촉으로 성사된 것이었다. 동 신문사는 1921년 3월의 한 기사에서 아쿠타가와의 "지나인상기(支那印象記)" 연재를 예고하면서, "아쿠타가와 씨는 현대 문단의 제1인자, 신흥 문예의 대표적 작가임과 동시에 지나 취미 애호자로도 세간에 알려져 있다"[31]고 소개했다.

'지나 취미 애호자'로 회자될 정도로 고전 중국에 정통했던 아쿠타가와는 불결과 혼란의 상하이를 눈앞에 두고 신경질적인 거부감을 나타냈다. 그리고 고전 중국의 상실에 대한 실망감은 곧바로 현대 중국에 대한 몰이해 및 무관심으로 연결되었다. 장난(江南)의 톈핑 산(天平山)을 찾았을 때, 아쿠타가와는 벽에 쓰여 있는 반일 "낙서"[32]를 보고는 그것을 중국 민족자본 계열이 일본 상품 배척을 위해 "30만 엔 내외"의 자금으로 "사주"한 결과라고 일축하며 "일본 상품을 구축하는 데 오히려 싸게 드는 광고비"(118~119쪽)라고 조소했다. 또 상하이에서 만난 중국 측 인사들에 대해서도 그는 거의 무관심으로 일관했다. 변법파 정치가로 일본 망명 경험이 있는 장빙린(章炳麟), 청말 관료 출신으로 당시 상하이 상무인서관(商務印書館) 이사로 있던 정샤오쉬(鄭孝胥), 그리고 공산주의자 리런제(李仁傑) 등과의 회견에서도 아쿠타가와는 논의에 참가하지 않고 주변의 미세한 부분, 예를 들어 서재에 놓여있는 장식품이나 상대 인물의 신체적 특징 등에 대한 편집증적 관찰을 계속할 뿐이었다.[33] 단 한 번 예외적으로 정샤오쉬와의 회

---

31) 伊藤桂一, 「解說: 芥川龍之介の紀行文」, 『上海遊記 江南遊記』, 209쪽에서 재인용.
32) 아쿠타가와가 소개하고 있는 낙서는 "犬與日奴不得題壁", "諸君倆在快活之時, 不可忘了三七二十一條", "莽蕩河山起暮愁. 何來不共戴天仇. 恨無十萬橫磨劍. 殺儘倭奴方罷休."와 같은 내용들이다. 『上海遊記 江南遊記』, 118쪽.
33) 세 사람과의 회견 기록은 각각 『上海遊記 江南遊記』, 36~39쪽, 42~45쪽, 58~60쪽에 소개되어 있다. 상하이 방문 중 아쿠타가와가 유일하게 "크게 감복"한 예는 "성황묘(城隍廟)"에서 "예전에 읽었던 지나 소설을 상기"했을 때였다. 그는 "언제까지나 자리를 떠나려 들지 않았다." 『上海遊記 江南遊記』, 26~27쪽.

견에서 아쿠타가와는 양국 간의 정치적 현안에 대해서 의견을 피력했
다. 그 내용은 차관문제와 관련된 것이었다는 사실 말고는 자세히 알
수 없지만, 회견이 끝난 뒤 아쿠타가와는 자신의 예외적인 태도에 대
해 다음과 같이 자평했다.

> 아무래도 그때 나는 조금 제정신이 아니었던 것 같다. 하지만
> 내가 흥분한 원인에 대해서는 나의 경박한 근성 외에도 현대 지
> 나 그 자체가 절반의 책임을 져야 할 것이다. 만일 거짓말이라고
> 생각한다면 누구라도 한번 지나에 가보면 알게 될 것이다. 반드
> 시 한 달 이내에 묘하게 정치를 논하고 싶은 생각이 들 것이다.
> 그것은 현대 지나의 분위기가 지난 20년 동안(무술정변 이후: 인
> 용자) 정치 문제를 안고 있기 때문이다. 나 같은 사람조차 장난
> 일대를 둘러보는 내내 그 열기가 쉽게 가라앉지 않았다. 그래서
> 누구의 부탁도 아니었건만 예술보다 몇 단계나 하등(下等)인 정
> 치에 관해서만 생각하고 있었다.(44쪽)

아쿠타가와가 고민한 '정치 문제'가 구체적으로 무엇을 의미하는지
알 수 없지만, 대전 이후의 국제 질서에 대한 중국 측의 거센 항의 등
을 생각할 때, '다이쇼시대의 중국통'이 더 이상 정치의 문제를 지나쳐
'지나 취미'만을 논할 수 없게 된 것만큼은 분명한 사실이었다. 더구나
상하이에서 '정치'는 비단 국가의 층위에서뿐만 아니라 일상생활 속에
서도 흔히 발견할 수 있는 것이었다. 그 중에서도 '개와 중국인'의 출
입을 금지한 퍼블릭가든은 중국이 처한 현실을 상징적으로 드러내는
공간이었다.[34] 이 적나라한 인종차별에 대해서도 아쿠타가와는 다음

---

34) 당시 조계 내에 있는 공원은 華人公園을 제외하고 모두 중국인의 출입을 제한했

과 같이 비아냥거릴 뿐이었다.

> 그 공원은 재미있는 곳이었다. 외국인은 들어가도 되지만 지나
> 인은 한 명도 들어가지 못한다. 그러면서도 퍼블릭이라는 이름을
> 붙인 것은 가히 훌륭한 명명(命名)이라고 할 수 있다.(40쪽)

상하이는 중국이면서 중국이 아니었다. 그리고 그곳에서 일본은 이미 '서양'이었다. 그러나 예술지상주의자 아쿠타가와는 정샤오쉬와의 회견을 예외로 살아 움직이는 중국을 보려 하지 않았다. 그가 상하이의 후신팅(湖心亭) 연못가에서 본 풍경은 아쿠타가와에게 비친 현대 중국의 상징적인 모습이었다.

> 한 지나인이 유유히 연못에 소변을 보고 있었다. 천수판(陣樹
> 藩)35)이 반기를 들든지, 백화시(白話詩)의 유행이 시들해지든지,
> 일영속맹(日英續盟) 문제36)가 부상하든지, 그런 일 따위는 이 남
> 자에게 아무런 문제가 되지 않음이 분명했다. 적어도 이 남자의
> 태도나 얼굴에는 그렇게밖에 생각할 수 없는 한가로움이 있었다.
> 구름하늘 아래 서 있는 지나풍 정자와 병적일 정도로 녹색이 번

다. 중국인은 공원뿐 아니라 와이탄(外灘)의 잔디밭, 산책로에도 들어갈 수 없었다. 악명 높은 "狗與華人不准入內" 간판이 철거되는 것은 1928년에 들어서의 일이었다. 高崎隆治, 『上海狂想曲』, 文春新書, 2006, 29쪽.

35) 1920년 북양군벌 사이에서 일어난 안후이즈리전쟁(安徽直隸戰爭, 안직전쟁)으로 권력을 잃은 천수판이 반기를 든 사건.

36) 1902년 영국과 일본이 맺은 영일동맹조약의 지속 여부를 둘러싼 문제. 1911년 영국은 아시아에서 독일 세력을 견제하기 위해 동맹을 강화했다. 일본도 조약을 구실로 1차 대전에 참전해 국제적 지위가 상승했다. 이후 아시아에 진출하려는 미국의 압력에 의해 1921년, 즉 아쿠타가와가 상하이를 방문한 해에 조약은 폐기되었다.

져있는 연못과 그 연못에 비스듬한 각도로 흘러들어가는 기세당
당한 한 줄기 오줌, 이러한 것들은 우울하면서도 사랑스러운 풍
경화일 뿐만 아니라 동시에 우리들의 노대국(老大國)의 신랄하고
가공할 상징이다. 나는 잠시 동안 이 지나인의 모습을 지켜보고
있었다.(24쪽)

　조국이 처한 위기적 상황에 아랑곳하지 않고 유유히 연못에 소변을
보는 한 남자의 모습에서 아쿠타가와는 노대국 중국의 현실을 읽었
다. 이 같은 관찰이 일방적인 감정이입에 지나지 않는 것은 새삼 지적
할 필요도 없다. '근대인'으로서 또 '지나 취미 애호가'로서 상하이의
착종된 근대성에 극도의 혐오감을 표명한 아쿠타가와는 마지막까지
현대 중국을 이해하지 못한 채『지나 유기』를 간행하고 2년 뒤에 생
을 마감했다.

3. 종군 체험과 현대 중국의 발견

　무라마쓰 쇼후, 다니자키 준이치로, 그리고 아쿠타가와 류노스케의
상하이 표상에는 하나의 공통된 특징이 있었다. 그것은 그들의 작품
속에 그려지는 중국인이 단지 국제적 식민지도시 상하이를 구성하는
배경적 존재에 불과했다는 사실이다. 매음굴의 기녀, 부두의 쿨리와
차부, 연못에 소변을 보는 남성 등은 모두 "암흑의 상하이"를 상징하
거나 "불결 그 자체" 혹은 정체된 "노대국"을 체현하는 풍경화의 인물
과 같은 위치에 있었다. 상하이의 중국인들이 이처럼 배경적 존재로

묘사되는 이유로는 그들의 상하이론이 어디까지나 '방문자' 내지 '관찰자'의 입장에서 서술된 것이라는 점을 들 수 있다. 미지의 세계를 조사하는 '탐험가'의 시선은 상하이에서 창작의 소재를 발견하려는 그들의 작가적 욕망과 결합하여 중국 사회와 중국인을 정형화된 것으로 그릴 뿐이었다.[37]

다케다 다이준(武田泰淳)은 그러한 일본 문단에 보이는 중국인의 비인격성을 문제시하는 것을 스스로의 사상적 출발로 삼았던 인물이었다. 1937년 중일전쟁이 발발한 해의 10월부터 다케다는 2년간에 걸친 종군 생활을 경험하게 된다. 전선에서 돌아온 그는 중국 전장에 있는 "M군"에게 보내는 편지 속에서 다음과 같은 자신의 체험을 소개하고 있었다.

　　내가 처음 본 지나의 가옥은 포탄의 흔적이 무시무시한 벽만 남은 집이었고, 내가 처음 본 지나인은 부패한 채 아무 말이 없는 시체였습니다. 학교에는 넘어진 책상 위로 진흙으로 더러워진 교과서가 널려 있었고, 도서관에는 매호 가지런히 갖추어진 『新青年』[38]과 『歷史語言研究所集刊』[39] 등이 비를 맞고 있었습니다. 그것은 슬프고도 허무한 문화의 파멸처럼 보였습니다. 나는 유쾌한 전장 생활 중에 망연자실한 마음으로 단지 지나의 풍경을 바

37) 가와무라 미나토는 무라마쓰 등의 상하이론이 "어딘가 카니발적이고 공중에 떠 있는" 느낌을 주는 이유는 그들이 "그곳에서 '생활'하는 것이 아니라 '여행'하고 '체제'하면서 보는 일을 최우선"으로 했기 때문이라고 말했다. 川村湊, 「"シャンハイ"された都市: 五つの「上海」物語」, 川村湊, 『アジアという鏡: 極東の近代』, 48~49쪽.
38) 1915년 천두슈 등에 의해 창간된 계몽잡지. 이 잡지에 관한 연구로 野村浩一, 『近代中國の思想世界: 『新青年』の群像』이 있다.
39) 1928년 광저우(廣州)의 중앙연구원 역사어언연구소가 창간한 잡지.

　　　　라볼 뿐이었습니다. 내지(內地, 일본을 의미: 인용자))에 있을 때
　　　　상하이나 베이징에서 주문해 받았던 사전과 전집과 단행본을 주
　　　　워들어 이상야릇한 마음으로 그 활자를 읽어 보았습니다. 우리들
　　　　이 열심히 연구한 고전도 지금에 와서는 한 푼의 가치도 없는 물
　　　　건처럼 내버려져 있었습니다. 동양서고(東洋文庫)[40]의 서고에도
　　　　없을법한 명간본(明刊本)이 말똥 산더미에 깔린 채로 있었습니
　　　　다. 문화란 이렇게도 무력한 것인가. 그 때 나는 수만 마리의 까
　　　　마귀가 무리지어 날고 있는 하늘을 쳐다보고 영원히 흐르고 있는
　　　　무언(無言)의 탁류를 내려다보며 탄식하였습니다.[41]

　상하이를 시작으로 난징(南京), 쉬저우(徐州), 한커우(漢口)의 중국
전선을 전전하며 다케다가 목격한 것은 문화의 파멸과 무력이었다.
아름다운 오색 화병에 "『주자전서(朱子全書)』와 『송사(宋史)』와 탁본"
을 태워 지핀 모닥불을 쬐이며 "나는 호사스런 왕족처럼 서 있었지만
마음은 야윈 개와 같이 떨고 있었습니다."(16쪽)라고 말하는 다케다의
감상은 국가의 전쟁과 문화의 파괴 앞에서 망연자실하는 일본인 중국
연구자의 당혹감을 여실히 전해주고 있다. 이러한 종군 체험에서 돌
아온 다케다가 보기에 당대 일본의 중국 연구는 공허함을 지울 수 없
는 내용의 것들이었다.

　　　　내가 일본에 돌아와 놀란 일은 지나 관계 출판의 화려함이었
　　　　습니다. 그러나 지금은 그 공허함에 놀라지 않을 수 없습니다. 모

──────────

[40] 도쿄에 있는 '동양학' 전문 도서관 및 연구소. 1924년 미쓰비시(三菱) 재벌의 지원
　　아래 설립되었다.
[41] 「支那文化に關する手紙」(초출은 『中國文學月報』, 1940년 1월), 川西政明 편, 『評
　　論集 滅亡について』, 岩波文庫, 1992, 14쪽.

든 일지친선(日支親善) 기관, 지나 연구를 위한 저서, 이러한 문
화적 것들은 우리에게 왠지 존재감이 없는 것으로 비춰질 뿐입니
다. 우리들이 전장에서 본 지나 토민(土民)의 얼굴에는 흙과 같은
견고한 지혜가 나타나 있고, 전통적인 감정의 음영이 새겨져 있
어, 일찍이 이야기된 바 없는 철학의 주름이 깊이 파여져 있었습
니다. 그 얼굴이 너무나도 선명히 눈에 남아 있기에 활자로 된 지
나 평론이 빛바래 보이는 것입니다. 우리들이 본 지나인은 살아
일하고 있었습니다. 비꼬아 말하는 것이 아니라 나는 성심성의를
갖고 이 말을 하지 않을 수 없습니다. 살아 일하는 지나인이 지나
를 형성하고 있는 것입니다. 지나란 것은 그런 것입니다. 수수께
끼도 괴물도 사자(獅子)도 아닙니다. 인정(人情)도 사랑도 웃음도
통용되는 사회입니다.(10쪽)

 "살아 일하는" 중국인과 "인정과 사랑과 웃음이 통용되는" 중국 사
회. 근대 일본에서 이 지극히 당연한 중국 인식을 획득하기까지는 오
랜 시간과 많은 희생이 뒤따라야 했다. 전장에서 돌아온 다케다는 "사
랑하지도 않은 채 이용할 줄만 아는"(16쪽) 일본의 중국 '연구'에 대해
자성을 포함한 회의를 표명하며 그것에 대해 "살아 일하는" 중국을 대
치시켰다.
 실은 이러한 다케다의 문제의식은 종군 전에 이미 그 기본적인 모
습을 드러내고 있었다. 그는 1935년 다케우치 요시미(竹內好) 등과 함
께 중국문학연구회를 조직하여 『중국문학월보(中國文學月報)』를 발
간했다. 이 연구회와 잡지는 근대 일본에서 '지나'가 아닌 '중국'을 전
면에 내건 거의 유일한 사례였다. 후일 그는 연구회 설립 당시의 문제
의식을 회고하여, 당시 자신들의 연구회가 중국 고전 연구에만 천착

하는 일본 학계의 학풍을 비판적으로 의식하며 '중국 현대 문학' 연구
를 지향한 사실을 밝히고 있었다.

> 도쿄대학에는 한학회(漢學會)와 사문회(斯文會)가 있었고, 교
> 토(京都)대학에는 지나학회가 있었다. 그러나 중국 현대 문학을
> 전문으로 연구하는 단체는 찾아볼 수 없었다. 일본의 문화인의
> 대부분은 '지나' 대륙과의 사이에 걸쳐 있는 오래되고 부패한 나
> 무다리에 페인트칠을 하고 말뚝을 박으면 '일지친선'을 실현할 수
> 있다고 착각하고 있었다. 일본과 중국 사이에는 단애절벽이 우뚝
> 솟아 있었고, 심연이 가로놓여 있었다. (중략) 그곳에는 새로운
> 철교를 만들기 위한 필사의 가설 작업이 필요했다.[42]

관학 아카데미즘의 지나학·한학적 전통과의 결별과 중국 현대 문
학에의 지향이 훗날 "살아 일하는" 중국 인식의 모태가 된 것은 물론
이다.[43]

다케다는 중국 전선에서 "문화의 멸망"을 응시하며 "토민(土民)의
얼굴"을 발견했다. 살아 일하는 그들이 현대 중국을 형성하고 있다는
사실을 인식했을 때 그의 출발 사상은 완성되었다. 이후 다케다는

---

42) 「風媒花」, 『群像』 1952년 1월~11월. 和田博文, 「架橋と'深淵'」, 和田博文 외, 『言
語都市·上海: 1840-1945』, 124~125쪽에서 재인용.

43) 윤상인, 「포섭과 지배장치로서의 문학번역: 사토 하루오와 중국」이 가르치는 바
에 의하면 다케우치 요시미는 이른바 '지나 취미 3인방'이 만들어낸 중국 이미지
에 대한 저항이 중국 현대 문학 연구의 또 하나의 문제의식이었다는 점을 밝히
고 있었다. 竹內好, 「造語法について」, 『竹內好全集 第10卷』, 筑摩書房, 1981. 와
다 히로후미(和田博文)의 연구에 따르면 다케다 또한 3인방의 중국론을 "편안한
여행자"의 견문록이라고 비판적으로 회고했다고 한다. 和田博文, 「架橋と'深淵'」,
和田博文 외, 『言語都市·上海: 1840-1945』, 132쪽. 이러한 점에서 다케우치와 다
케다는 근현대 일본의 중국 연구사에서 새로운 시대의 개막을 상징하는 인물이
라고 자리매김할 수 있다.

『사기(史記)』를 새로이 읽고, 그 결과를 『사마천: 사기의 세계(司馬遷: 史記の世界)』[44]로 발표했다. 이 작품의 문제의식은, 한마디로 『사기』를 문학사, 문화사, 윤리사, 전쟁사로서가 아니라 "인간의 역사"로 다시 읽는 것이었다고 다케다는 밝히고 있다.[45]

다케다는 사마천에 대한 재해석을 발표한 다음해에 다시 상하이를 찾았다. 1944년 6월, 종군 이래 두 번째로 상하이를 방문한 그는 이번에는 군인이 아닌 중일문화협회의 출판주임 자격으로 부임했다. 후일 다케다는 그때의 경험을 토대로 『상하이의 반딧불(上海の螢)』[46]를 발표했다. 이 작품은 『사마천』을 공간한 다음해부터 1946년 4월 패전 국민의 일원으로 상하이를 떠나기까지의 체험을 바탕으로 한 것으로, 그것은 본 논문에서 지금까지 살펴온 상하이 방문기가 주로 '여행자'의 기록이었던 데 비해 '정주자'의 시선에서 이루어진 것이라는 점에서 이색적 존재라고 할 수 있다. 아래의 인용문은 그러한 정주자의 시선이 다케다 스스로가 선택한 능동적 입장이었음을 말해주고 있다.

> 상하이에 거주하기만 해도 급히 소집영장을 받는 일은 없다고 들 했다. 물론 나는 소집을 피하기 위해 상하이에 온 것이 아니었다. 어떤 견고한 의지도 신념도 나에게는 있을 리 없었다. 그러한

44) 武田泰淳, 『司馬遷: 史記の世界』, 日本評論社, 1943.
45) 이 점에 관해서는 和田博文, 「架橋と'深淵'」, 和田博文 외, 『言語都市・上海: 1840-1945』, 126쪽 참조.
46) 武田泰淳, 『上海の螢』, 中央公論社, 1976. 참고로 『上海の螢』는 다케다의 죽음으로 인해 미완의 상태로 간행되었다. 한편 大橋毅彦・趙夢雲・竹松良明・山崎眞紀子・松本陽子・木田隆文, 『上海 1944-1945: 武田泰淳『上海の螢』注釋』, 雙文社出版, 2008은 작품에 대한 상세한 주석 작업이다. 작품 속에서 가명으로 처리된 인물을 고증해 확정하거나 당시의 시대상황에 관해 자세히 설명하는 등, 『上海の螢』를 읽는 데 많은 도움을 주는 책이다.

애매한 상태야말로 나에게 어울린다고 생각되었다. 나는 단시간
내에 가능한 보통의 상하이인이 먹는 것을 먹고, 걷는 장소를 걷
고, 볼 수 있는 만큼 보고, 상하이의 소란스러움 속에 녹아들 것
을 다짐했다.(50~51쪽)

중일문화협회는 양국의 문화적 교류를 위해 만들어진 일종의 준 국
책 민간기관으로, 다케다는 그 곳에서 "일본어로 된 책을 중국어로 번
역하여 출판하는"(20쪽) 업무를 담당했다. 그는 매일 중국인들 사이에
서 일상생활을 영위했고, 동방문화 편역관(東方文化編譯館)이라는 직
장에서도 중국인 동료들과 함께 근무했다. 이미 중국 전선에서 "살아
일하는" 중국인을 발견한 다케다에게 그러한 상하이의 일상은 너무나
당연한 일이었을지 모른다. 하지만 그가 취한 능동적인 정주자의 입
장은 다케다로 하여금 '지나 취미 애호가'들이 그냥 지나쳐버린 상하
이의 현실을 직시하게 했다.

1944년 6월 두 번째로 찾은 상하이는 이전과는 사뭇 다른 양상을 보
이고 있었다. 일중전면전쟁 발발 이후 상하이는 실질적으로 일본의
단독지배 하에 있었다. 조계 내 곳곳에 일본의 헌병기관이 상주해 있
었고, "지나인으로 분장한 일본 헌병"(220쪽)이 중국인들의 항일 활동
을 감시하고 있었다. 아시아태평양전쟁이 개시된 이후에는 공동조계
전체가 일본군에 의해 '접수'되어, 영국과 미국은 상하이에서 지배자
로서의 위상을 상실했다. 다케다가 상하이에서 본 것은 승리자 혹은
정복자로서의 일본의 모습이었다.

이러한 상황 속에서 다케다는 서구인으로부터 '접수'한 프랑스조계
의 한 양관 주택을 배정받는 등 정복자의 일원으로서 상하이 생활을

시작했다. 자전거에 부딪친 중국인이 "순간 불만에 가득 찬 표정을 보였지만 상대가 일본인이라는 사실을 알고 곧 그러한 표정을 철회"(26쪽)하는 순간이나, 영화관의 지정석을 차지한 다케다를 보고 자신의 자리를 "포기하고 다른 자리로 옮겨 가는"(117쪽) 중국인의 모습 등은 그로 하여금 정복자로서의 상하이의 일상을 실감케 하는 순간들이었다. 이러한 현실을 직시하면서 다케다는 다음과 같이 생각했다.

> 상하이는 아직 안전지대였다. 그곳에는 한발의 총알도 당분간 날아오지 않을 것이다. 폭격도 아직 받지 않았다. 뿐만 아니라 상하이에는 모든 식량이 모여 들어 비축되어 있었다. 그렇기 때문에 상하이인은 상하이에 머물러 있는 것이다. 상하이에 있는 일본인을 혐오하면서도 그 가증스러운 일본인과 함께 살고 있는 것이다. 상하이인의 진정한 불행은 모든 중국인이 처해 있는 비참한 상태로부터 자신들만이 멀리 떨어져 있다는 점이다.(91쪽)

다케다가 생각하는 상하이인의 불행은 안전한 삶을 추구하는 생활자로서의 상하이인과 항일과 국가적 독립을 지향하는 중국인으로서의 상하이인의 분열에 있었다. 정복자가 제공하는 생활의 안전, 상하이인의 불행이란 바로 그러한 상하이의 중국인들이 처한 역설적 상황을 의미했다. 이러한 관찰에서 보다시피 다케다는 결코 지배자로서의 위치에 안주하지 않았다. 그는 "아무리 조그만 방 한 칸이라 할지라도 진정한 소유자는 우리가 아니다. 상하이 전체를 소유하고 있는 것은 상하이인이지 우리들 외부인이 아니다"(196쪽)라는 시점을 확보하고 있었다. 상하이 전선에 참가한 바 있는 다케다는 자신도 상하이 정복에 일조했다는 원죄 의식을 갖고 있었는지 모른다. 그렇기 때문에 그

는 상하이인의 불행을 이야기할 수 있었고, 또 제스필드공원에서 군
사훈련을 받고 있는 자신의 국민복(國民服) 차림을 "이상한 눈초리로
바라보는"(193쪽) 상하이 시민의 시선을 의식할 수 있었던 것이다.

　관학 아카데미즘의 한학적 전통을 문제시하며 출발한 다케다의 중
국 문학 연구는 종군 체험을 통해 살아 움직이는 현대 중국을 발견함
으로써 당대 일본 문단의 중국론에 산견하는 인간 부재의 문제와 '일
지친선'의 공허함을 깨달을 수 있었다. 다케다가 보기에 "중국을 안다
는 것"은 실로 "간단한 일에서 출발"하는 것으로, 살아 일하는 중국인
과 서로 공존하며 대화하는 것이야말로 중국 이해의 출발점이었다.
"대학의 어두운 연구실이나 위엄 있는 연구소의 서고에 출입하는 것
만으로는 일본인과 중국인의 감정에 접할 수 없다"(이상, 206쪽)는 그
의 생각은 두 번째로 찾은 상하이에서 더욱 확고한 것이 되었다. 제3
회 대동아문학자대회[47]에 참가해서 히노 아시헤이(火野葦平)가 중국
농민을 "아무런 거리낌 없이 대하는"(151쪽) 태도를 보고 만감의 공감
을 표시한 것도, 또 당시 상하이에서 일본 군부의 지원 아래 중국어
잡지 『여성(女聲)』을 발간하고 있던 다무라 도시코(田村俊子)를 "중국
과 중국인에 대해 천박한 지식밖에 없으면서 떠들고 있다"(159쪽)고
비난한 것도, 살아 움직이는 중국 사회와 정주자의 시점을 확보하고
있었기에 가능한 일이었다.[48]

----

[47] 중국 난징에서 개최되었다. 대동아문학자대회에 관해서는 尾崎秀樹, 『近代文學
　　の傷痕: 舊植民地文學論』, 岩波書店, 1991에 자세하다.
[48] 다케다는 일본문학보국회(日本文學報國會) 상하이 재주 외국문학부 회원 자격으
　　로 대회에 초청되었다. 그는 다무라 도시코에 대한 비판에 이어 이렇게 말했다.
　　"우리들 일본 문인 전부가 그녀와 같이 희극을 연기하고 있었다. 그녀의 경우는
　　자신의 무지와 무감각을 백일하에 드러낸 것이기에 죄가 없다. 자기의 무지와
　　무감각을 잊은 채 무언가를 하고 있다고 생각하는 우리들이야말로 죄가 무겁

1946년 4월 다케다는 인양선을 타고 일본으로 되돌아갔다. 이후 그는 중일전쟁 이래 자신에게 마치 "악몽"처럼 달라붙어 "끝을 알 수 없는 심연"[49]과 같이 존재하고 있던 중국 문제와 대결하면서 전후의 사상 활동을 영위해 갔다.

4. 패전 전후의 상하이

홋타 요시에(堀田善衛)는 다케다 다이준과 함께 상하이에서 패전을 맞이했다. 두 사람은 승리자의 일원으로 상하이에 가서 패전 국민으로 되돌아오는 그리 흔치 않은 경험을 공유했지만, 다케다가 종군과 전시 체험을 통해 중국 인식을 완성한 데 비해, 홋타는 패전 전후의 상하이를 무대로 사상을 형성했다. 훗날 홋타는 "운명"으로서의 상하이와 자신의 "전후"에 관해 다음과 같이 말하고 있었다.

> 나는 운명이란 말이 싫었다. 숙명이란 말도 싫었다. 지금도 물론 싫다. 그러나 지금까지의 생애에 대해 생각하고 그 속에 자리 잡고 있는 중국이라는 것을 돌이켜 볼 때, 그 말이나 개념과 격투하면서도 그곳에 존재하는 한 가지에 대해 운명이라는 말을 부여해도 좋다는 생각이 든다. 그것은 그야말로 단시일에 지나지 않는 사실이었고, 장소도 거의 상하이 한군데에 한정된 일이었다. 중국이라고 과장되게 이야기해서는 안 될지도 모른다. 1945년 3

다."(160쪽)
[49] 武田泰淳, 「『風媒花』について」, 『讀賣新聞』 1952년 12월 25일. 和田博文, 「架橋と深淵」, 和田博文 외, 『言語都市・上海: 1840-1945』, 133쪽에서 재인용.

월 24일부터 1946년 12월 28일까지, 1년 9개월 정도의 상하이 생
활이 나의, 특히 전후의 삶 그 자체에 결정적인 것을 초래하고 말
았다.[50]

외무성 관계의 준 국책기관인 국제문화진흥회 상하이 자료실에 근
무하기 위해 1945년 3월 상하이로 건너간 홋타는 강연 활동과 중국 지
식인들과의 교류를 담당하고 있었다.[51] 그러나 급박한 전시 상황 탓
에 민간교류가 실질적으로 불가능한 상태에서, 홋타는 "다케다 다이
준과 함께 상하이에서 난징까지 여행"(30쪽)을 하거나, "만국공묘(萬國
公墓)에 있는 루쉰의 묘를"(127쪽) 찾거나 하는 생활을 보내고 있었
다.[52] 그러던 중 홋타는 우연히 한 광경을 목격하게 된다.

한 아파트에서 양장을 하고 머리에 하얀 두건을 쓴 중국인 신
부가 나와 마중 나온 사람들과의 이별을 아쉬워하고 있었다. 자
동차가 기다리고 있었다. 나는 그 광경을 거리 건너편에서 지켜
보고 있었다. 그러자 그 아파트의 모퉁이에서 공용(公用)이란 완
장을 찬 일본 병사 세 명이 모습을 드러냈다. 그 중 한 명이 느닷
없이 배웅하는 사람들 속으로 헤치고 들어가 신부의 두건을 제치
고서는 하얀 이를 드러낸 채 무언가를 말하며 굵은 손가락으로
그녀의 볼을 두세 번 찔렀다. 얼마 안 가서 카키색 군복을 걸친
그의 팔은 밑쪽으로 내려가 가슴과 하복부를……나는 핏기가 쓱
빠져나가는 것을 느끼며 자신이 비틀거리며 거리를 횡단하고 있

50) 堀田善衞, 『上海にて』, 新潮文庫, 2008, 9쪽. 작품 초출은 筑摩書房, 1959.
51) 국제문화진흥회에 관해서는 紅野謙介, 「解説」, 紅野謙介 편, 『堀田善衞 上海日記:
   滬上天下 一九四五』, 集英社, 2008을 참조.
52) 홋타는 상하이에 오기 전 改造社 판, 『大魯迅全集』를 읽고 있었다. 堀田善衞, 『上
   海にて』, 115쪽.

다는 사실을 알아차렸다. 힘도 없는 주제에 남들보다 무모한 나
는 그 병사에게 달려들어 맞아 넘어지고 발에 채여 콘크리트 바
닥에 광대뼈를 지겹도록 처박고 있었다.(113~114쪽)

홋타는 "맞고 넘어져 발에 채이면서 가까스로 혹은 서서히 '황군(皇
軍)'의 일부가 지금 이 중국에서 무슨 일을 하고 있는지"(114쪽)를 알
게 되었다. 사건을 계기로 "예술지상주의 청년이었던 나의 틀이 깨지
고", 하나의 새로운 "출발점"(114~115쪽)이 형성되었다고 그는 적고 있
다. 한마디로 이야기해서 홋타는 이 때 일본 제국의 본모습을 보고
'운명'으로서의 중국 문제를 짊어지게 되는 출발점에 서 있었던 것이다.

1918년생인 홋타는, 6세 연상의 다케다 다이준이 좌익운동에 참가
한 경험이 있었던 데 비해, 좌익운동이나 반전운동에도 가담한 적이
없는 예술지상주의 계열의 인물이었다.[53] 대학 졸업 후 그가 상하이
의 외무성 관계 기관에 취직한 이유도 특별한 동기에서 비롯한 것이
라기보다 유럽에 가기 위한 중간 기착지 정도로 상하이를 생각했기
때문이었다. 그러한 상하이가 우연한 사건을 계기로 "운명"의 땅으로
바뀐 것이다.[54]

2007년에 발견되어 그 다음해에 간행된 『홋타 요시에 상하이 일기:
호상천하 1945(堀田善衞 上海日記: 滬上天下 一九四五)』[55]는 패전 전

---

[53] 1936년 게이오(慶應)대학 법학부 정치학과 예과에 입학한 홋타는 "전시 중, 시국
에 관한 문제를 스스로 차단"(堀田善衞, 『上海にて』, 115쪽)하고 1940년 문학부
프랑스문학과로 전과했다(1942년 졸업).

[54] 홋타는 이렇게 말하고 있다. "나는 일본의 침략주의, 제국주의에 관하여 특별하
게 정치적, 경제적으로 혹은 정치사, 경제사적으로 이론적 이해를 갖고 있지 못
했다. 내가 이해한 것은 모두, 예를 들어 지금 이야기한 것(소개한 경험담: 인용
자)과 같은 경험에 의한 것이었다." 堀田善衞, 『上海にて』, 115쪽.

[55] 일기 발견과 공간 경위에 대해서는 紅野謙介, 「解說」에 자세히 설명되어 있다.

후의 상하이에서 기록된 개인적 일기로, 그 안에는 1945년 8월 6일부터 1946년 11월 29일까지의 홋타의 사색과 고민의 흔적이 드러나 있다. 그것은 승리자로서가 아니라 패배자로서 상하이를 체험한 일본 문학자의 기록이라는 점에서 특기할 만한 자료적 가치를 지닌다고 할 수 있다. 일기에는 홋타가 패전을 어떻게 맞이했는지 알 수 있는 부분이 있다. 상하이에서의 패전은 일본 국내보다 더 빨리 찾아와, 이미 8월 11일의 신문 호외는 일본의 항복을 기정사실화하고 있었다. 호외를 보고 돌아온 다케다와 홋타는 다음과 같은 대화를 나눈다.

> 씨(다케다: 인용자)는, 일본 민족은 소멸할지도 모른다, 만약 자신이 지나에서 살아남는다면 일찍이 동방에 한 나라가 있었다는 사실을 중국인들에게 이야기하고, 우리들이 이 사실을 후세에 전해야만 한다고 말했다. 나는 오늘 이 시점에서의 중국인의 변화를, 사람의 마음의 문제로서, 단순히 정책적인 것이 아니라, 어떻게든 정치론이 아닌 사람 마음에 스며들게 하는 노력을 해서 내지 사람들에게 알려야만 한다, 이 일은 우리들 문학에 관계하는 사람으로서 상하이에 남아 있는 자의 중요한 업무라고 역설했다.(23~24쪽)

"일찍이 동방에 한 나라가 있었다는 사실"을 후세에 전하려는 다케다의 민족 감정의 고양은 국가의 패전을 목전에 둔 일시적인 현상이라 하더라도, 중국인의 변화를 "마음의 문제"로서 관찰하려는 홋타의 생각은, 단지 '내지' 일본인들에게 패전 혹은 승리 후의 상하이의 모습을 알리기 위해서가 아니라 "미래를 위해 학식보다도 경험보다도 무엇보다도 중요한 것을 볼 수 있는 때는 지금이다"(24쪽)라는 동기에서 비롯하는 것이었다.[56] 그는 패전 직후 중국인들의 "분노와 환희를 몸소" 체험하기 위해 "죽임을 당해도 좋다는 각오로 각지의 데모를 보러가, 스스로 군중 속에 휩싸였다."[57] 그 결과 그는 다음과 같은 인식에 다다르게 된다.

> 나는 자신이 일본인이라는 사실을 밝히기 위해 군인 모자를 쓰고 나갔다. 광희하는 중국 민중 가운데서 내가 얻을 수 있었던 한 가지 결론은, 이것이 바로 수십 년에 걸친 일본의 '대화정책(對華政策)'의 결론이고 종언이란 사실이었다. 즉, 중일친선(中日親善), 동감공고(同甘共苦), 동생동사(同生同死) 등의 표어는 결국 결정적으로 공허한 표어에 지나지 않았고, 중국 민심은 절대로 일본의 '대화정책'에도 '대화신(新)정책'에도 동의하지 않는다는 사실이었다. (354쪽)

이 같은 결론은 훗타가 일본인이라는 사실을 인지하고서도 "중국인 군중이 나에게 어떠한 위협도 가하려들지 않았다"(354쪽)는 사실에 의해 더욱 명백한 것이 되었다.

패전 이후 상하이의 홍커우 구는 중국 각지에서 모여든 일본인들로

---

56) 훗타가 "국민당 선전부에 반쯤 자원하는 형태로 징용된"(堀田善衞·開高健,「對談 上海時代」, 紅野謙介 편,『堀田善衞 上海日記: 滬上天下 一九四五』, 409쪽) 것도 같은 이유에서였다. 패전 후 중국국민당은 상하이에서 귀국을 기다리는 일본인='日僑'들 가운데 기술자나 자신들의 선전 활동에 이용할 만한 인물 등을 강제로 징용='留用'했다. 당시 "점차 여러 사람들이 (일본으로: 인용자) 돌아가게 되겠지만 나는 조금도 돌아가고 싶지 않다"(紅野謙介 편,『堀田善衞 上海日記: 滬上天下 一九四五』, 84쪽)고 생각하고 있던 훗타는 국민당의 징용에 반(半) 자발적으로 응했다. '자원적 징용'이라는 역설적 표현은 그가 일종의 능동적 유용자(留用者)였음을 말해주고 있다.

57)「反省と希望」(초출은『改造評論』1946년 6월), 紅野謙介 편,『堀田善衞 上海日記: 滬上天下 一九四五』, 354쪽.

인해 거대한 포로수용소로 변했다. 그들의 목적은 일본으로 가는 인양선을 타는 것이었다. 그러나 우연한 사건을 계기로 중국 문제를 '운명'으로 짊어지게 된 홋타는 상하이를 "자신을 파괴"(32쪽)하고 "'현실'이라는 것을 배우는"(244쪽) 방법적 공간으로 삼았다. 패전 국민의 한 명인 그가 중국 사회의 변화를 적극적으로 관찰하고 상하이 잔류를 능동적으로 결정한 이유는 바로 그러한 이유에서였다. 이후 홋타는 일본과 중국의 문제를 "단순한 정치 문제"로서가 아니라 "우리들 자신의 인생의 문제"(359쪽)로 사색해갔다. 앞에서 소개한 『상하이에서(上海にて)』나 1952년도 아쿠타가와상 수상 작품 『광장의 고독(廣場の孤獨)』[58] 등은 상하이 체험을 "인생의 문제"로 승화시킨 작품들이었다.

5. 맺음말

1957년 가을 홋타는 10년 만에 상하이를 재방했다. 몇 명의 문학자들과 함께 다시 찾은 상하이는 "어디에서도 악취가 나지 않고 모든 의미에서 청결"[59]한 도시로 변해 있었다. "어느 거리도 텅 비어있고 무언가 기묘한 느낌"이 드는 상하이를 바라보며 그는 그것이 "중국으로의 복귀"(90쪽)를 의미한다고 생각했다. 홋타는 소박하고 검소한 사회주의 중국과 화려한 식민지풍 건축물 사이에서 "부조화"를 느끼는 자신에 대해 이렇게 말했다.

---

58) 堀田善衞, 『廣場の孤獨』, 中央公論社, 1951.
59) 堀田善衞, 『上海にて』, 90쪽.

　　어찌되었건 상하이가 중국으로 돌아가 세계의 망나니 혹은 '모
　험가적 낙원'이 인민의 소유가 되고 중국이 중국을 가지게 된 변
　혁 해방을 눈앞에 두고 내가 어찌할 바를 모른다면 문제는 내 자
　신에게 있는 것이다.(92쪽)

　국제적 식민지도시의 잔영과 인민 중국의 일부가 된 상하이 사이에
서 느끼는 위화감을 자신의 문제로 귀속시키는 홋타의 식견은 패전
직후 상하이에서 자기 파괴를 통한 재생을 기도했기에 비로소 가능한
것이었다. 그런데 다른 한편에서 생각하면 홋타의 위화감은 그만큼
근대 일본에서 상하이는 '중국이면서 중국이 아닌' 도시로 존재해 왔
다는 사실을 말해주는 방증이기도 하다. 홋타에게서조차 '중국인의 상
하이'는 "이상야릇한 부조화감"(90쪽)을 불러일으키기에 충분했던 것
이다.
　상하이의 양면성은 상하이 담론이 지속적으로 재생산되는 원인이
기도 했다. 근대와 전통이, 문명과 암흑이 공존하는 그곳은 항상 자
유, 방종, 퇴폐, 혼돈, 카오스와 같은 이미지가 따라다녔다. '문학'이 인
간의 합리적이고 이성적인 부분보다 부조리나 데카당스를 자양분으
로 삼아 왔다는 점을 감안할 때 근대 일본 작가들이 마도 상하이에 끌
린 것은 어쩌면 당연한 일이었을지도 모른다.
　돌이켜보면 근대 일본에서 상하이처럼 많은 사람들이 찾고 또 이야
기되어온 외국의 도시는 없었다. '서양의 입구'로서, '정보의 발신지'로
서, 또 '로망을 불러일으키는 마도'로서 존재해온 상하이에 관해서는
셀 수 없을 정도로 많은 기록이 존재한다. 상하이 관련 출판물은 주로
일본인의 상하이 정주가 급격하게 늘어나는 1920년 전후부터 성행했

다. 그 내용도 간단한 여행안내서에서 대문호의 방문기에 이르기까지
실로 다양했다. 이 논문에서 살펴본 무라마쓰 쇼후, 다니자키 준이치
로, 아쿠타가와 류노스케 등은 그러한 시대상황 속에서 상하이를 방
문하고 기록했던 작가들이었다. 그러나 결론적으로 이야기해서 그들
은 일종의 중국 인식 실패자들이었다. 혼돈과 암흑의 상하이에만 집
착한 무라마쓰, 마지막까지 '지나 취미'적 관점에서 벗어나지 못한 다
니자키, 그리고 '고전 중국'과 현대 중국의 괴리에 실망하며 후자를 관
찰하기를 거부한 아쿠타가와 등은 중국이 처한 반식민지 상황에 대해
무지와 무관심으로 일관했다. 다케다 다이준이 루쉰의 문학을 염두에
두며 일본 작가들에게 가한 비판의 말을 빌리자면, 그들은 "중국인 특
히 중국 문인들의 골신(骨身)에 사무친 암흑을 예감하고 이해하는 데
용서할 수 없을 정도로 결여되어 있었다."[60] 다케다는 근대 중국 작가
들이 처한 암흑을 다음과 같이 말했다.

> 그들의 사소설적인 고민은, 예를 들어 중추명월의 밤에 가족과
> 함께 산책 나온 상하이조계의 한 귀퉁이에서 '개와 중국인은 들
> 어오지 말 것'이라는 팻말을 눈앞에 두고 되돌아가야만 하는 그
> 러한 종류의 사회인적 굴욕과 밀착해 있었다.(84쪽)

여기서 다케다가 이야기하고자 하는 점은 '阿Q'적 현실의 중국과
'지나 취미 애호가'들의 중국론을 대비적으로 상기하는 것만으로도 충
분히 이해할 수 있을 것이다. 근대 일본 작가들이 체험한 상하이는 일

60) 武田泰淳,「中國の小說と日本の小說」(초출은 『文學』 1950년 10월), 川西政明 편,
『評論集 滅亡について』, 79쪽.

본의 중국 정책과 밀접하게 관련되어 있는 공간이었다. 따라서 근대 일본에서 상하이는 문화의 문제임과 동시에 정치의 문제였다. 그곳에서 일본은 곧 '서양'이었고, 상하이를 방문한 일본 작가들은 언젠가는 그러한 불편한 현실과 조우할 수밖에 없었다. 하지만 그들은 사태를 그냥 지나치거나 몇몇 중국 문인들과의 개인적인 접촉을 통해 문화적 '해결'을 시도했을 뿐이었다. 그러한 입장이 일본의 제국주의적 중국 정책을 소극적으로 묵인하거나 승인할 가능성조차 내포하고 있었다는 점에 대해서는 이미 지적했다.

다케다가 말하는 중국 작가들의 "사회인적 굴욕"을 이해하기 위해서는 타자에 대한 상상력과 자기 재생이 요구되었다. 이러한 점에서 중국 문제를 "우리들 자신의 인생의 문제"로 자리매김한 홋타의 사색은 시사적이라고 할 수 있다. 패전 전후 상하이에서 자기 재생의 회로와 가능성에 대해 모색했던 다케다와 홋타의 경험은 오늘날에도 여전히 반추할 가치를 지니고 있다.

참고문헌

류젠후이, 「모멸, 취미, 그리고 동경에서 위협으로: 근대일본 지식인의 중국 표상」,
『일본비평』 6, 2012.

손순옥, 「아쿠타가와 류노스케의 『上海遊記』와 요코미츠 리이치의 『上海』 연구」,
『일어일문학』 64, 2014.

오병우, 「다니자키 준이치로와 중국: 1918년과 1926년도 중국여행을 중심으로」, 『일
본어문학』 51, 2010.

윤상인, 「포섭과 지배장치로서의 문학번역: 사토 하루오와 중국」, 『아시아문화연
구』 37, 2015.

이한정, 「『東洋』 발견의 경로: 다니자키 준이치로의 조선·중국여행」, 『일본어문
학』 32, 2007.

芥川龍之介, 『上海遊記 江南遊記』, 講談社學藝文庫, 2001.

芦谷信和·上田博·木村一信 편, 『作家のアジア體驗: 近代日本文學の陰畵』, 世界
思想社, 1992.

芦谷信和·上田博·木村一信 편, 『作家の世界體驗: 近代日本文學の憧憬と模索』,
世界思想社, 1994.

內山完造, 『上海漫談』, 改造社, 1938.

內山完造, 『上海夜話』, 改造社, 1940.

太田尚樹, 『傳說の日中文化サロン: 上海·內山書店』, 平凡社新書, 2008.

大橋毅彦 외, 『上海 1944-1945 武田泰淳 『上海の螢』 注釋』, 雙文社出版, 2008.

尾崎秀樹, 『上海1930年』, 岩波新書, 1989.

尾崎秀樹, 『近代文學の傷痕: 舊植民地文學論』, 岩波書店, 1991.

鹿野政直, 『日本の近代思想』, 岩波書店, 2002(최혜주 역, 『일본의 근대사상』, 한
울, 2003).

川村湊, 『アジアという鏡: 極東の近代』, 思潮社, 1989.

紅野謙介 편, 『堀田善衞 上海日記: 滬上天下 一九四五』, 集英社, 2008.

『世界地理風俗大系 Ⅲ』, 新光社, 1932.

孫歌, 『アジアを語ることのジレンマ: 知の共同空間を求めて』, 岩波書店, 2002.

高崎隆治, 『上海狂想曲』, 文春新書, 2006.

高橋孝助・古厩忠夫 편, 『上海史』, 東方書店, 1995.

武田泰淳, 『司馬遷: 史記の世界』, 日本評論社, 1943.

武田泰淳, 「風媒花」, 『群像』 1952년 1월~11월.

武田泰淳, 『上海の螢』, 中央公論社, 1976.

武田泰淳, 川西政明 편, 『評論集 滅亡について』, 岩波文庫, 1992.

谷崎潤一郎, 『谷崎潤一郎全集 22』, 中央公論社, 1959.

谷崎潤一郎, 千葉俊二 편, 『谷崎潤一郎 上海交遊記』, みすず書房, 2004.

西順藏, 『原典中國近代思想史 4: 五四運動から國民革命まで』, 岩波書店, 1977.

西原大輔, 『谷崎潤一郎とオリエンタリズム: 大正日本の中國幻想』, 中公叢書, 2003.

野村浩一, 『近代日本の中國認識: アジアへの航跡』, 研文出版, 1981.

野村浩一, 『近代中國の思想世界: 『新靑年』の群像』, 岩波書店, 1990.

堀田善衞, 『廣場の孤獨』, 中央公論社, 1951.

堀田善衞, 『上海にて』, 新潮文庫, 2008.

溝口雄三, 『方法としての中國』, 東京大學出版會, 1989(서광덕, 최정섭 역, 『방법
    으로서의 중국』, 산지니, 2016).

村松梢風, 『魔都』, 小西書店, 1924.

村松梢風, 『支那漫談』, 騷人社書局, 1928.

山根幸夫・藤井昇三 외 편, 『近代日中關係史研究入門』, 研文出版, 1992.

横光利一, 『上海』, 改造社, 1932(岩波文庫, 1956).

劉建輝, 『魔都上海: 日本知識人の「近代」體驗』, 講談社メチエ, 2000.

和田博文・大橋毅彦・眞鍋正宏・竹松良明・和田桂子, 『言語都市 上海: 1840-1945』,
    藤原書店, 1999.

副島円照, 「戰前期中國在留日本人人口統計(稿)」, 『和歌山大學敎育學部紀要 人文
    科學』, 1984.

〈제1장의 보론〉

가네코 미쓰하루(金子光晴)와 상하이, 동남아시아

1. '도피'로서의 상하이

근대 일본에서 상하이가 갖는 의미는 메이지유신을 전기로 크게 달라졌다. 류젠후이는 그것을 "근대 국가의 '기폭제'"에서 "가장 가까운 '낙원'"[1]으로의 변화로 정리한 바 있다. 즉, 서양 정보의 창구로서 또 '문명'의 충격과 중국의 반식민지 상황을 실감하는 공간으로서의 상하이가 일본의 국가적 각성을 촉구한 데 대해, 근대 국가 성립 이후의 상하이는 어느 나라에도 귀속되지 않는 '자유로운' 신천지, '로망'의 대상, '모험'을 꿈꾸는 기회의 땅으로 여겨졌다는 것이다. 류젠후이는 그러한 변화에 대해 다음과 같이 말했다.

> 1870년대 이후 상하이는 '국가로서의 일본에게 그다지 중요한
> 존재가 아니게 되었지만, '일본 탈출'을 꿈꾸는 많은 일본인들에

---

[1] 劉建輝, 『魔都上海: 日本知識人の「近代」體驗』, 22~25쪽.

게 이 혼돈의 도시는 분명히 가장 가까운 '피난처'이자 가장 가까
이에 있는 '낙원'이었다. 참고로 메이지 이후 실로 수많은 일본인
이 상하이를 찾았지만, 정부나 군부의 일부 대륙진출 추진자를
제외하고, 많은 사람들이 이 땅에서 구하고자 했던 것은 역시 '내
지'와 다른 '근대'의 존재 양태였고, 일본의 현실을 상대화하는 일
종의 '장치'로서의 역할이었다.(25~26쪽)

　'일본 탈출'을 꿈꾸는 사람들의 '피난처'이자 '낙원'으로서의 상하이
는, 20세기에 들어 어느 정도 가시화된 근대 국가 일본의 달성과 그에
따른 일본 사회의 피로감으로 인해 더욱 의미를 더해갔다. 이러한 상
황은 제2차 상하이사변 이후 일본이 상하이를 독점적으로 지배하기까
지 지속되었다고 보아야 할 것이다. 전후 불황에 시달리고 있던 1920
년대 후반의 일본 사회에서도 여전히 "상하이라도 가볼까"[2]라는 반쯤
자조적인 대화가 회자되고 있었기 때문이다.

　가네코 미쓰하루는 아마도 근대 일본에서 도피형 상하이 체험의 가
장 전형적인 인물이라고 할 수 있을 것이다. 1928년 11월에 이루어진
가네코의 상하이 방문은 프롤레타리아 문학이 대두하기 시작한 일본
문학계로부터의 작가적 망명이라는 측면도 무시할 수 없지만, 자신의
외유[3] 기간 중에 발생한 부인 모리 미치요(森三千代)의 외도 문제와
생활고를 해결하기 위한 개인적 도피의 성격이 강했다. 이러한 점은
대언론사의 후원 아래 준 공적 자격으로 상하이를 방문하거나 창작
모티프를 발굴하기 위해 그곳을 찾은 여느 문인들과 큰 대조를 보이

---

[2] 高崎隆治, 『上海狂想曲』, 13쪽.
[3] 1928년 3월 가네코는 시인 구니키다 도라오(國木田虎雄)와 함께 상하이를 찾아
　 3개월간 머물렀다.

고 있다. 그러나 "아무런 계획도 희망도 없이 오직 일본에서 멀어지기 위해"[4] 건너간 상하이에는 일본과 "전혀 다른 모럴이"(68쪽) 존재하고 있었고, 그곳에서 가네코는 "막혀 있던 앞면의 벽이 허물어지고 구멍이 하나 생겨 바깥바람이 왈칵 들이치는 근사한 해방감"(68쪽)을 맛보게 된다. 그는 당시 일본의 한 잡지사에 자신의 상하이 생활을 이렇게 타전하고 있었다.

> 이곳에서 나의 모든 피부는 전 세계의 라디오, 즉 붉은색과 흰색의 거친 가로무늬 셔츠를 입은 미국 수병과, 똥배가 튀어나온 영국 신사, 하늘색 군복을 입은 프랑스 사관, 그리고 시내 이곳저곳에 달마처럼 서있는 인도 순사, 귀와 코와 후두부가 반쪽이 될 만큼 홀쭉해진 지나 쿨리의 육체와 그 육체 내부에 뒤얽혀있을 생활 정서를 감수하고 있다. 나는 그러한 거대한 기류 속에서 나의 편협한 일본 생활을 목욕, 창달시키고 있다.[5]

1928년 11월 달랑 트렁크 하나와 수트케이스 두 개를 들고 상하이에 도착했을 당시, 가네코는 부인의 외도나 생활고와 같은 개인적인 위기에 시인으로서도 장래를 전망할 수 없게 된 사정 등이 겹쳐, 나카노 고지(中野孝次)의 표현처럼 "전(全) 인간적으로 이러지도 저러지도 못하는 막다른 골목"[6]에 다다라 있었다. 상하이는 그런 가네코 부부를 "옴이 올라 딱지가 앉은 커다란 가슴을 벌려"[7] 맞이해주었다. 가네

---

4) 金子光晴, 『どくろ杯』, 中央公論社, 1971. 여기서의 인용은 中公文庫, 1976, 144쪽.
5) 「上海より」(초출은 『日本詩人』 1926년 6월), 金子光晴, 『世界見世物づくし』, 中公文庫, 2008, 60~61쪽.
6) 中野孝次, 「解說」, 『どくろ杯』, 293쪽.
7) 『どくろ杯』, 144쪽.

코는 당시 느꼈던 상하이의 매력을 이렇게 표현하고 있다.

> 음모와 아편과 매춘의 상하이는 마늘과 기름, 탕약과 부패물,
> 인간을 소모하는 냄새가 범벅이 된, 뭐라 말할 수 없는 체취로 가
> 득 차 있었고, 그 잊을 수 없는 냄새의 매력이 사람을 잡아 놓아
> 주지 않는 곳이었다. 우리는 일본에 돌아와서도 당분간 그때의
> 기분에서 벗어나지 못했다.(69쪽)

이러한 상하이 묘사는 얼핏 암흑의 상하이에 편집증적인 애정을 보
인 무라마쓰 쇼후의『마도』를 상기시키기에 충분하지만, 가네코의 상
하이론에는 어떠한 의미에서도 이국취미나 '문명과 야만' 혹은 '선진
과 후진'과 같은 이분법적 사고를 찾아볼 수 없다. 그가 상하이에서
느낀 "해방감"은 모든 이데올로기와 인간관계로부터 해방된 일종의
아나키 상태가 주는 안락감이었다. 막다른 골목에서 맨몸 하나로 '일
본 탈출'을 감행한 가네코는 "아나르시즘8)의 마을" 상하이에서 해방감
을 맞보고 점점 그 매력에 빠져들어갔다. "언젠가부터 내 몸 안에서
하얀 색의 뿌리가 자라나" 상하이의 "돌길 사이로 파고 들어가서 점점
꼼짝달싹 못하게 되어가는" 변화를 느끼며 그는 그 원인을 자신의 "선
천적인 아나르시스트"(이상, 193~195쪽)로서의 기질에서 찾았다. 가네
코는 "억척스러운 에고이스트이자 낙천가에 내일의 커다란 설계 따위
어렵게 생각하지 않는"9) 상하이인의 삶에 자신의 처지를 투영시킨 것
이다. 가네코가 보기에 상하이의 쿨리는 에고이스트 혹은 아나르시스

---

8) 아나키즘의 프랑스어 발음.
9)「支那思想の終焉」(초출은『アジア』1968년 12월),『世界見世物づくし』, 24쪽.

트로서의 상하이인의 삶을 상징적으로 체현하는 존재였다.

> 어떤 나라의 실업자, 부랑인들도 이렇게까지 고립되고, 개인적
> 이고, 지나칠 정도로 예사롭지 않은 부랑인 계급은 없다. 어떤 나
> 라의 노역자들이라도 이렇게까지 소나 말 이상으로 아침부터 저
> 녁까지 혹사당하고, 예사로 소나 말과 같은 기질로 일하는 노역
> 자는 없다. 엉망진창이다. 그들에게도 잡다하고 에고이스틱한 자
> 기방위를 위한 집단은 있지만 어떠한 사회적 조직-국가나 조합
> 과 같은 조직의 힘이 조금도 도움이 되지 못한다. 그들은 순전히
> 허무주의자들이다. 세상에 태어나, 다수의 사망자들 가운데서 기
> 아, 전염병, 추위와 더위를 견뎌내고 겨우 한 사람이 된다. 더구
> 나 그들은 언제나 굶주려 있다. 그들은 더 이상 부자연스런 빈부
> 차를 어떻게 할 수 없는 상황과 영국 침략주의의 가장 말단이 되
> 어 평생토록 햇빛을 볼 수 없는 운명에 빠져 있다.[10]

가네코는 이렇게 말하고 나서 "우리는 내지에 있을 때 결코 느낄 수
없었던 '나 혼자(我一人)라는 사실을 깨달았다. 나 혼자이다. (중략)
자신이 자신의 완전한 중심이 되어 있다"(76쪽)라고 적고 있다. 쿨리
를 바라보는 가네코의 시선은, 다키모토 가즈나리(瀧本和成)가 지적
하는 것처럼 "휴머니즘의 시점이라기보다 오히려 그들로부터 인간이
살아가는 일의 잔혹함"[11]을 발견하고 그러한 쿨리들의 삶에 자신의
현실을 중첩시킨 것이었다. "일찍이 마음을 열고 교류한" 위다푸(郁達
夫)와 같은 지식인조차 쿨리들을 마치 "개라도 쫓아버리듯" 대하는 태

---

10) 「南支遊記」(초출은 『日本詩人』 1926년 10월), 『世界見世物づくし』, 75쪽.
11) 瀧本和成, 「金子光晴とマレー・ジャワ・スマトラ」, 芦谷信和・上田博・木村一信
 편, 『作家のアジア體驗: 近代日本文學の陰畵』, 世界思想社, 1992, 123쪽.

도에 충격을 받고 그것을 "동양인적 반개(半開)"[12]라고 비판하는 것은
억척스러운 에고이스트로서의 동질감에서 비롯하고 있었다.[13]

상하이는 어떠한 조직으로부터도 보호받지 못한 채 그날그날을 "말
그대로 자신의 생명을 갉아먹고 살아가는"(151쪽) 에고이스트들의 치
열한 삶의 공간이었다. 그러한 상하이를 "이처럼 살기 좋고 마음 편한
곳은 더 이상 없다"(194쪽)고 생각하는 가네코에게 '문명 대 야만' 혹은
'선진 대 후진'이라는 구조를 발견하는 일은 불가능에 가깝다. 그리고
바로 이 점이야말로 가네코를 동시대의 상하이 방문자들과 결정적으
로 구분 짓는 경계선이었다.

가네코는 청일전쟁이 끝난 해인 1895년에 태어나 소학교 때 러일전
쟁, 중학교 때 1차 대전을 경험한, 말 그대로 메이지국가와 함께 성장
한 세대에 속하는 인물이었다. 중국인을 비하하고 제국의 팽창에 열
광하는 일본의 풍경[14]을 바라보며 어린 시절을 보낸 가네코는 "청춘
시대 최초의 자기형성기"에 다이쇼(大正) 데모크라시의 영향을 받고
"선(善)을 선으로 보고 악(惡)을 악으로 생각하지 않는 회의사상을 몸

---

12) 『どくろ杯』, 152쪽.
13) 상하이에서 가네코는 다니자키 준이치로의 소개로 궈모뤄, 위다푸, 오우양셰첸,
톈한 등과 교류했다. 가네코는 자서전에서 "엄청난 충치"의 소유자였던 루쉰이
자신이 그린 상하이 풍속화 "두 장"을 사준 일화를 소개하고 있다. 金子光晴, 『詩
人: 金子光晴自傳』, 講談社文藝文庫, 1994, 160~161쪽. 참고로 가네코는 어린 시
절 주위 사람들이 "화가로 대성할 것을 예상"(33쪽)할 정도로 뛰어난 그림솜씨의
소유자였다. 그는 유럽으로 가는 여비를 마련하기 위해 상하이, 동남아시아 등지
에서 '춘화'를 그려 팔기도 했다.
14) 가네코의 자서전에는 어른의 사주를 받고 지나가는 중국인에게 돌을 던지는 아
이와, 러시아 측 일본인 스파이를 향해 폭언을 퍼붓는 여자들에 관한 기술이 있
다(『詩人: 金子光晴自傳』, 72~73쪽). 한편 가네코의 의부는 관청 건축 관계의 일
로 타이완을 방문할 때 "토착민을 위압하기 위해 턱수염을 가슴까지 길러 근엄한
풍모"(49쪽)를 하고 갔다고 한다.

에 지니게 되어, 그것을 그것대로 양심이라고 생각하는 인간의 한 명"[15]이 되었다. "인간이라는 것과 일본인이라는 것이 동의어"였던 메이지 일본 사회에 위화감을 느끼며 "일본인을 혐오하는 일본인"[16]으로 거듭난 가네코는 "생사를 맡기는 마음가짐으로 뛰어든"[17] 상하이에서 투철한 에고이스트의 시점을 획득했다. 이후 가네코는 이 에고이스트의 입장에서 동남아시아의 현실을 고발하고 근대 문명을 비판했다.

2. 동남아시아 편력

1929년 5월 상하이를 출발하여 홍콩으로 향한 가네코는 같은 해 12월 싱가포르에서 마르세유행 배에 오르기까지 동남아시아 전역을 편력했다. 그 여정은 싱가포르, 바타비아(자카르타), 스마랑(Semarang), 말레이 반도 전역을 거쳐 다시 싱가포르로 되돌아오는 것이었다. 그는 귀국길에 말레이 반도를 약 4개월간 다시 여행한 뒤 1932년 5월 고베(神戸)에 도착했다.

가네코가 동남아시아를 전전한 이유는 일차적으로는 유럽으로 가는 여비를 벌기 위해서였지만, 그가 동남아시아에서 보고 느낀 현실은 근대 서구 문명에 대한 새로운 인식과 시인으로서의 재탄생을 가져다주었다. 아래는 가네코가 본 말라카 거리의 풍경이다.

---

15) 『どくろ杯』, 103쪽.
16) 金子光晴, 『絶望の精神史』, 講談社文藝文庫, 22~23쪽. 초출은 光文社, 1965.
17) 『どくろ杯』, 144쪽.

광둥(廣東)이나 푸젠(福建)에서 온 화교들, 말레이, 자바, 수마
트라 등지의 토착민들, 그리고 호리호리한 몸매의 힌두 등이 땀
에 저린 악취가 뒤섞인 채 비지땀을 흘린 어깨와 팔뚝을 맞비비
며 거리를 왕래하고 있다. 그 사이를 기다란 곤봉으로 가차 없이
앞을 헤치고 나아가는 양처(洋車)[18]가 달린다. 경적을 울리며 거
칠게 차를 모는 사람은 토지의 유력자들이거나 불그스레하고 거
만한 얼굴을 한 유럽의 여행자들, 그리고 여우 탈처럼 눈 끝이 치
켜 올라간 계략에 차 보이는 일본의 단나[19]들이다. 포르투갈을
시작으로 네덜란드, 영국으로 세상이 바뀌어도 하는 짓은 점점
대담해질 뿐이다. 원래 주인 얼굴을 하고 있는 지나인이 토지와
가옥을 우선하는 바람에 원주민은 있을 데가 없다. 원주민과 힌
두 노동자들은 차가운 밤 아스팔트 위에서 헐벗은 채로 날밤을
샌다.[20]

동남아시아를 유랑하며 가네코가 목격한 것은 지배자로서 군림하
는 문명국가들과 그 압제 하에 신음하는 원주민 사회였다. "허세를 부
리는 데다 교활한 영국인"은 말레이 반도에서 "이루 헤아릴 수 없을
정도의 몹쓸 짓"[21]을 하고 있었고, 자와[22]를 "횡령"한 네덜란드인의
"지독한 강제"로 인해 "자와인은 등골"[23]이 빠진 상태였다.

18) 인력거.
19) 旦那. '주인나리' 정도의 의미로, 당시 동남아시아에서 플랜테이션이나 광산을 경
영하는 사람을 부르는 말.
20) 金子光晴, 『西ひがし』, 中公文庫, 1977, 206쪽. 초출은 中央公論社, 1974.
21) 金子光晴, 『マレー蘭印紀行』, 中公文庫, 1978, 111쪽. 초출은 山雅房, 1940.
22) Jawa. 자바(Java)는 자와의 네덜란드식 명칭.
23) 『どくろ杯』, 284쪽.

> 수마트라 전역이 멀지 않은 장래에 외국 자본에 의해 해체되
> 고, 주민의 생활양식에도 일대 변화가 있으리라는 것은 의심할
> 여지가 없다. 자와는 이미 뼈도 가죽도 남아있지 않다. 말레이 반
> 도는 독이 든 주사를 맞고 전신이 마비되었다. 수마트라는 이제
> 막 도마 위에 올랐다.[24]

　원주민 사회를 착취하는 점에서는 일본 또한 예외가 아니었다. 셈브롱(Sembrong) 강 주변에 산재하는 고무 농원의 '단나'들은 "아직 해가 뜨지 않은 어두운 새벽에 일어나 안개로 자욱한 현장을 한 바퀴 돌고 나서"는 특별히 하는 일도 없이 "독서와 테니스와 마작과 그리고 빈둥대는 일"(23쪽)로 하루를 보냈다. 고무 농원은 "치외법권"과 같은 공간으로, "돈과 총을 가진" '단나'들은 그곳에서 "왕후"였고 "하느님"[25]이었다. 가네코는 이 같은 동남아시아의 현실을 통해 '동양구이(東洋鬼)'[26]로서의 조국의 모습과 근대 서구 문명의 위선을 읽어낼 수 있었다. 그가 얼마 가지 않아 "착취와 강제노동으로 피폐해진 눈앞의 인간 샘플"을 직시하면서 "슈티르너[27]를 재독하고 레닌의 제국주의론을 숙독"[28]하게 되는 것은 자연스러운 일이었다. 가네코에게 시가 다시 '돌아온' 것도 바로 이때였다.

---

24) 『マレー蘭印紀行』, 162쪽.
25) 「馬來の苦力」(초출은 『文藝春秋』 1934년 7월), 『世界見世物づくし』, 162~163쪽.
26) 당시 중국어권 사회에서 사용되던 일본인에 대한 멸칭. '日本鬼子'라는 말도 있었다. 가네코는 이 말을 일본인을 가리키는 자칭으로 사용했다. 『西ひがし』, 69쪽. 『絶望の精神史』, 145쪽.
27) Max Stirner. 개인주의적 무정부주의를 주장한 독일의 철학자.
28) 『詩人: 金子光晴自傳』, 164쪽.

그때 내 마음이 진작 정나미가 떨어진 것인지 아니면 상대방
이 나에게 정나미가 떨어진 것인지, 어찌되었건 아무런 관계도
없이 10년 가까이 멀어져 있던 시가 갑자기 돌아왔다. 그 정도로
내가 달리 쓸모가 없는 인간이라고 의식한 적은 그때가 처음이었
고, 그때만큼 심각했던 적도 없었다.[29)]

일찍이 프랑스 서정시의 탐미주의적 전통의 연장선상에서 시작 활
동을 시작한 가네코는 에고이스트들의 치열한 삶의 현장인 상하이와
문명국가들의 제국주의적 착취가 자행되던 동남아시아 사회를 경험
함으로써 새로운 시인으로 거듭났다. 후일 그가 자신의 초기 작품을
"두 번 다시 읽기가 힘들다"[30)]고 평가 절하하는 것은 단순히 '겸양'을
나타내는 수사가 아니라 시 세계의 완전한 단절을 의미하고 있었다.
1935년에 발표된 「상어(鮫)」는 서구문명의 실체를 이렇게 폭로하고
있다.

바다 위에서 상어가, / 아무렇게나 미끄러져 헤엄치고 있다.
(중략) 상어는, 덥석 물지 않는다. / 배가 부른 것이다. // 녀석들
의 배 속에는, 비어져 나올 정도로 인간이 가득 차 있다. / 소화
가 되어 여물어터진 토막 난 한쪽 팔이나, / 싹둑 잘라먹은 넓적
다리 아래나, / 조그만 베개처럼 생긴 몸통이. / 상어는 이제, '아
무것도 필요 없어'라며, 눈을 가늘게 뜨고, / 꾸벅꾸벅 졸고 있다.
// 상상을 초월하는 사팔뜨기. 은인(隱忍)하고, 잔인한 녀석. / 상
어는 말라카나 탄중프리오크(Tanjungpriok)의 하얀 방파제 바깥
에 모여 있다. (중략) 상어. / 녀석은 심장이 없이 이 세상을 활보

29) 『西ひがし』, 163~164쪽.
30) 『詩人: 金子光晴自傳』, 122쪽.

하고 있는, 무참한 놈이다. // 우리는 크리스트교도와 향료를 구
하기 위해 여기에 왔다. / 바스쿠 다 가마가 인도에 상륙했을 때
한 이 말은, / 우리는 노예와 약탈품을 구하기 위해 여기에 왔다.
/ 라고 해도 좋다. / 얀 피터르스존 쿤(Jan Pieterszoon Coen)은 바
타비아에 포루를 쌓고 / 스템포드 래플즈 경(Sir. Stamford Raffles)
은 싱가포르의 관문을 움켜지고 시암, 일본, 지나의 손을 비틀어
버릴 아성을 만들었다. (중략) 녀석들은 일제히 말한다. / 우정이
다. 평화다. 사회애(社會愛)다. / 녀석들은 그리고 나서 종진(縱
陣)을 짠다. 그것은 법률이다. 여론이다. 인간 가치다. / 염병할
또 그래서 우리는 갈기갈기 찢기고 만다.[31]

이 작품은 1937년에 출간된 시집 『상어(鮫)』[32]에 다시 수록되었는
데, 책의 서문에서 가네코는 「상어」가 "남양 여행 중"에 완성된 사실
을 밝히면서 "정말 화가 나는 일이나, 경멸하거나 놀려주고 싶은 일이
있을 때를 제외하고 앞으로도 시작 활동을 하지 않을 것"(110쪽)을 천
명하고 있었다. 이 말은 뒤집어 생각하면 그만큼 가네코가 동남아시
아에서의 문명국가의 위선과 폭력성에 분노했다는 사실의 반증이기
도 하다.[33]

1930년 가네코는 10년 만에 파리를 다시 찾았다. 하지만 "'이런 문명
이 도대체 무엇이란 말인가'라는 말이 엉겁결에 튀어나올 정도로 파

---

31) 여기서의 인용은 清岡卓行 편, 『金子光晴詩集』, 岩波文庫, 1991, 145~164쪽.
32) 金子光晴, 『鮫』, 人民社, 1937.
33) 야노 도루(矢野暢)는 근대 일본의 동남아시아 인식을 개관한 『日本の南洋史觀』,
中公新書, 1979에서 가네코를 "일본의 '남양문학(南洋文學)'의 정점"에 위치하는
"공전절후의 작가"(180~181쪽)로 절찬했다. 한편, 이 시기 가네코의 시작활동에
관해서는 홍지형의 일련의 연구가 있다. 그 중에서 「상어」에 관한 연구는 홍지
형, 「金子光晴의 시에 나타난 일본의 심상(心象): 『상어』와 『낙하산』을 중심으로」,
『일본어문학』 35, 2006.

리에는 일찍이 볼 수 없었던 허무감이 흐르고 있었다."[34] 한때 "밝고 자유로운 별세계"[35]로서의 '서양'은 일본 사회의 폐쇄성을 상대화하는 준거점이자 동경의 대상이었다. 그러나 문명국가의 착취와 위선의 현장을 목격한 그에게 파리는 더 이상 '꿈의 도시(花の都)'가 아니었다. "해협식민지와 인도에서의 영국의 토민 착취, 네덜란드 정부와 자와 강제노동의 기나긴 역사를" 보고 온 가네코는 문명국가가 표방하는 "정의를 액면 그대로 받아들일 수 없게 되어"(192쪽) 있었던 것이다. 두 번째로 찾은 파리에서 그가 얻은 유일한 수확은 "세계 어디에도 나의 고향은 없다는 사실이 분명해진 것"[36] 뿐이었다.

> 파리는 좋은 꿈을 꾸는 곳이 아니다. 파리여 잠들어라. 그 잠 속에서 몸을 구부린 개처럼 잠자고 있으면 그것으로 족하다.(263쪽)

이렇게 파리에 결별선언을 한 가네코는 이후의 삶을 "에트랑제"[37]로서 살아갔다.

---

34) 金子光晴, 『ねむれ巴里』, 中公文庫, 1976, 205쪽. 초출은 中央公論社, 1973
35) 『詩人: 金子光晴自傳』, 37쪽.
36) 『ねむれ巴里』, 210쪽.
37) 『絶望の精神史』, 107쪽.

보론 참고문헌

홍지형,「金子光晴의 시에 나타난 일본의 심상(心象):『상어』와『낙하산』을 중심
　　으로」,『일본어문학』35, 2006.
芦谷信和・上田博・木村一信 편,『作家のアジア體驗: 近代日本文學の陰畵』, 世界
　　思想社, 1992.
芦谷信和・上田博・木村一信 편,『作家の世界體驗: 近代日本文學の憧憬と模索』,
　　世界思想社, 1994.
金子光晴,『どくろ杯』, 中公文庫, 1976.
金子光晴,『ねむれ巴里』, 中公文庫, 1976.
金子光晴,『西ひがし』, 中公文庫, 1977.
金子光晴,『マレー蘭印紀行』, 中公文庫, 1978.
金子光晴,『金子光晴自傳: 詩人』, 講談社文藝文庫, 1994.
金子光晴,『絶望の精神史』, 講談社文藝文庫, 1996.
金子光晴,『世界見世物づくし』, 中公文庫, 2008.
清岡卓行 편,『金子光晴詩集』, 岩波文庫, 1991,
鈴村和成,『金子光晴, ランボーと會う』, 弘文堂, 2003.
高崎隆治,『上海狂想曲』, 文春新書, 2006.
劉建輝,『魔都上海: 日本知識人の「近代」體驗』, 講談社メチエ, 2000.

제2장
오자키 호쓰미(尾崎秀實)의
중국 인식과
상하이 경험

제2장 오자키 호쓰미(尾崎秀實)의 중국 인식과 상하이 경험

1. 머리말

오자키 호쓰미는 동일 인물의 다양한 측면이라고는 보기 어려운 서로 다른 몇 가지 이미지를 동시에 공유하는 사상가였다. 첫째, 중국 문제 전문가 또는 저널리스트로서의 이미지가 있다. 오자키는 주로 1920년대 후반부터 중국 문제에 관해 발언하기 시작했는데, 그 시기 동아시아에서는 열강의 이익과 일본의 중국 정책이 정면으로 충돌하고 있었을 뿐만 아니라 중국 내부에서도 민족해방운동의 주도권을 둘러싸고 국민당과 공산당이 서로 대립하고 있었다. 오자키는 착종하는 정세 속에서 당대 기예의 중국 문제 전문가로서의 지위를 일본에서 확보하고 있었다.[1] 둘째, 고노에 후미마로(近衛文麿) 내각의 정책자문기관 소화연구회(昭和研究會) 참가와 만철조사부(滿鐵調査部) 조사

---

[1] 중국전문가로서의 오자키에 주목하는 대표적인 연구로는 野村浩一, 「尾崎秀實と中國」, 野村浩一, 『近代日本の中國認識: アジアへの航跡』, 硏文出版, 1981; 米谷匡史, 「解說」, 米谷匡史 편, 『尾崎秀實時評集: 日中戰爭期の東アジア』, 平凡社東洋文庫, 2004 등이 있다.

활동에 보이는 1930년대 일본 혁신좌파 계열의 정책입안자로서의 이미지이다. 당시 오자키는 고노에 내각의 촉탁으로 일본 국내의 신체제운동에 비판적으로 개입하고 있었다. 그가 정치의 중심부에 가장 접근한 이 시기는 고노에 내각의 붕괴와 함께 끝나게 된다.[2] 셋째, 코민테른, 소련 정부를 위해 정보 입수 활동을 하는 스파이로서의 오자키이다. 조르게사건, 당시의 표현으로는 '국제간첩단사건'에 연루된 오자키는 1941년에 검거되어 1944년 11월에 사형에 처해졌다.[3] 이러한 그의 극적인 삶은 패전 후 일본군국주의의 희생양 또는 일본제국주의를 비판한 '진정한 애국자'[4] 이미지로 연결되었다.

당연한 이야기이지만 이상에서 언급한 오자키의 몇 가지 얼굴은 서로 내재적으로 연결되어 있다. 그의 중국 인식의 기저에는 마르크스주의가 자리 잡고 있었는데, 오자키의 마르크스주의로의 접근은 중국 체험에서 비롯된 일이었다. 또 오자키가 현실정치에 개입하는 이유는 일본 사회의 사회주의적 재편만이 중일 문제를 해결하는 유일한 방안이라고 확신한 결과였다. 스파이사건에 연루되는 것도 세계사적 전망에 입각하여 국제공산주의 운동에 가담했기 때문이었다. 이처럼 오자키에 부수하는 몇 가지 이미지를 서로 연결하는 고리는 중국과 마르크스주의였다. 자신의 중국 경험과 마르크스주의와의 관계에 대해 이

---

[2] 이에 관한 연구로는 今井淸一, 「解說」, 今井淸一 편, 『開戰前夜の近衛內閣: 滿鐵『東京時事資料月報』の尾崎秀實政治情勢報告』, 靑木書店, 1994이 있다. 참고로, 저명한 일본근현대사 연구자인 이마이 세이이치(今井淸一)는 오자키 오쓰미의 사위이다.

[3] 이 시기에 대해서는 尾崎秀樹, 『ゾルゲ事件: 尾崎秀實の理想と挫折』, 中公新書, 1963이 상세히 언급하고 있다. 오자키 호쓰키(尾崎秀樹)는 오자키 호쓰미의 동생이다.

[4] 風間道太郎, 『尾崎秀實傳』, 法政大學出版局, 1968.

야기하는 이하의 회상은 그의 사상을 이해하는 데 매우 중요하다.

> 나는 동년(1928년: 인용자) 12월 말, 오랫동안 동경해 온 지나
> (支那)에 아사히신문사(朝日新聞社) 특파원으로 파견되어 실로
> 두근거리는 마음으로 임지 상하이로 향했습니다. 나에게 지나 문
> 제는 출신지였던 타이완 시절 이래 분리할 수 없을 정도로 깊은
> 관계를 맺고 있었습니다. 특히 1925년 이후 소위 대혁명시대는
> 그 사건 하나하나가 깊은 흥미를 유발했습니다. 좌익의 입장에서
> 의 지나 문제 파악은 완전히 나를 매료시켰습니다. 나의 경우 마
> 르크스주의 연구가 지나 문제에 대한 관심을 불러일으킨 것이 아
> 니라 오히려 반대로 지나 문제의 현실적 전개가 마르크스주의 이
> 론에 대한 관심을 심화시키는 그런 관계였습니다.[5]

　이러한 발언에 대한 상세한 해설은 본론에서 다시 논하기로 하고,
여기서는 그의 마르크스주의에 대한 관심이 중국 정치의 현실적 전개
에 의해 촉발된 것이라는 사실을 확인해 두고자 한다. 당시 발표된 방
대한 양의 중국 현대 정치론은 중국의 혁명적 현실을 응시하며 이론
을 심화시켜 간 오자키의 마르크스주의적 중국 인식에 입각한 것이었
다. 그리고 스스로 밝히고 있는 것처럼 오자키의 중국 인식의 기저에
는 유년 시절을 보낸 타이완 체험과 3년간의 오사카아사히신문(大阪
朝日新聞) 상하이 특파원으로서의 생활이 존재하고 있었다. 그 중에
서도 상하이는 루쉰(魯迅)을 비롯한 중국의 좌익작가들과 신문화운동
의 기수들, 그리고 리하르트 조르게(Richard Sorge, 코민테른 정보원),
아그네스 스메들리(Agnes Smedley, 독일 일간지 Frankfurter Zeitung 중

---

[5] 尾崎秀實, 『ゾルゲ事件: 上申書』, 岩波書店, 2003, 32쪽.

국특파원)와 같은 국제공산주의자들과의 교류가 이루어진 장이었다.
오자키의 중국 인식은 당시 동아시아 국제공산주의 네트워크의 중심
지였던 상하이에서 조형된 것이었다.

　오자키의 중국 인식과 국제적 식민지도시 상하이의 관계에 대해 살
펴보는 것을 목적으로 하는 이 장에서는 그의 중국론의 구조와 국내
정치론을 먼저 개관한 뒤, 상하이 경험의 실체에 대해 언급하고자 한다.[6]

2. 중국론의 구조

　오자키가 중국 문제 전문가로서 세상의 주목을 받기 시작한 것은
시안사건(西安事件)에 대한 논평을 발표하고 나서부터였다. 1936년 12
월에 발생한 시안사건은 국공내전 상태에 있던 중국이 다시 항일 통
일전선으로 나아가는, 다시 말해 국공합작의 계기가 된 사건이었다.
사태에 즈음하여 오자키는 시안사건이 "'발전도상에 있는' 지나에서
돌발적으로 일어난 사건이 아니라 실로 현대 지나 사회가 지닌 기본
적 모순의 단적인 표현"[7]이라고 전제한 후, 장쉐량(張學良) 쿠데타의
성공 여부에만 주목하는 당대 일본 언론을 비판하며 중국의 정국을
"당면한 사건의 성사 여부"가 아니라 중국 "민족운동과의 관련"(33쪽)

---

[6]　근대 일본 사상과 상하이의 관계에 대한 연구로 劉建輝, 『魔都上海: 日本知識人
　　の「近代」體驗』, 講談社メチエ, 2000이 있다. 이 책은 막말 유신부터 패전에 이르
　　기까지 근대 일본에 있어서의 상하이의 의미에 관해 고찰한 역작이다. 그러나
　　주로 작가들을 대상으로 하는 동 작품은 오자키와 같은 사회과학자나 저널리스
　　트들을 대상으로 하고 있지 않다.
[7]　「西安事件以後の新情勢」, 『社會及國家』 1937년 2월, 『尾崎秀實時評集: 日中戰爭
　　期の東アジア』, 38쪽.

속에서 바라볼 것을 제안했다. 오자키는 중국 민족운동의 방향과 일
중관계의 미래를 다음과 같이 전망하고 있었다.

> 일지관계는 정국의 표면에 나타난 변화나 단순한 외교 정책의
> 변환으로서는 도저히 근본적인 변화를 기대할 수 없다. 그것은
> 무엇보다 본질적으로 지나의 반(半)식민지적 지위 문제의 해결에
> 기초하고 있다. 지나가 진실로 이 문제를 스스로 해결했을 때 비
> 로소 오늘날 지나 민중이 요구하는 형태의 일지관계의 진정한 조
> 정 기회가 도래할 것이다. 지나의 민족해방운동과 일본의 소위
> 대륙정책의 방향은 본질적으로 서로 받아들일 수 없는 것이다.
> 그리고 문제는 국민당 정권이 그러한 거대한 민족운동의 파두(波
> 頭)에 타고는 있지만 결코 스스로 그 흐름을 지도하고 통제할 수
> 있는 역량이 없다는 사실이다.(39쪽)

장제스(蔣介石)의 생사 여부, 즉 국민당 정권의 존립 가능성이나 군
벌 장쉐량 세력의 귀추는 사건의 지엽적 문제에 지나지 않았다. 사태
의 핵심은 국가적 독립과 통일전선 구축(국공합작)을 요구하는 중국
민족해방운동의 거대한 흐름이 일본의 대륙정책과 "본질적으로" 충돌
하고 있는 현실이었다.

오자키에게 국민당 정부에 의한 중국 '통일'은 하나의 '의태(擬態)'에
지나지 않았다. 중일전쟁 발발 시, "국민정부가 가진 무력은 아마도
커다란 문제가 아닐 것이다. 그러나 지나 민족전선에 의한 전면적 항
일전과의 충돌은 훨씬 중대한 의의를 가진다."[8] 라는 오자키의 발언

---

8) 「北支問題の新段階」, 『改造』 1937년 8월, 『尾崎秀實時評集: 日中戰爭期の東アジ
ア』, 89쪽.

도 국민당이 중국 민족해방운동을 대변할 수 없다고 생각하는 그의 인식에서 비롯한 것이었다. 중국 민족해방운동이 궁극적으로 사회주의국가 건설로 귀결될 것을 예상하는 그의 입장에서 볼 때 장제스가 이끄는 국민당은 "그 본래적 성질이 지나 민족자산 계급의 정당으로, 민족자본가를 중심으로 지주, 군벌, 관료, 상인, 지식 계급이 모여 있는"[9] 계급 정당에 불과했다. 군벌적인 성격이 농후한 국민당은 조직에 있어서 혈연적, 지연적 특징을 강하게 지니고 있을 뿐만 아니라 상하이의 저장재벌(浙江財閥)과 열강 자본에 대해 종속적인 관계에 있다는 점에서 중국 민중의 해방투쟁을 대표한다고 볼 수 없었던 것이다. 문제의 핵심은 중국 민족운동의 "질적 변화", 즉 "민족운동의 내용이 좌경화하고 있다는 사실"[10]과 앞으로 예상되는 일중 전면충돌의 예감이었다. 따라서 국지적 전쟁의 승패 여부는 지엽적인 문제에 불과했다. 중국의 국가적 통일 추세가 "엄연한 사실"이고 "이번 항전을 통해 지나의 국민의식이 일층 더 강화되고 통일에 대한 의식이 고양된" 이상, "포화나 폭탄으로는 쉽게 이길 수 없기"[11] 때문이었다. 당시 발표된 방대한 양의 중국론은 중국 민족해방투쟁과 일본 대륙정책의 전면적 충돌을 회피하기 위한 제안이었던 것이다.

이렇게 생각하는 오자키가 보기에 당대 일본의 저널리즘은 한마디로 "지나론의 빈곤" 상황에 다름 아니었다. 중국 연구에서 "과학적 방법론"의 구축을 강조하는 오자키에게 단지 '이웃나라' 혹은 '동문동종

---

9) 『現代支那論』, 岩波新書, 1939, 190쪽.
10) 「支那事變と列國」, 『東洋』 1937년 10월, 『尾崎秀實時評集: 日中戰爭期の東アジア』, 112쪽.
11) 「敗北支那の進路」 『改造』 1937년 11월, 『尾崎秀實時評集: 日中戰爭期の東アジア』, 137쪽.

(同文同種)'이라는 사실에 입각해 일중친선을 논하는 일본 언론의 태도는 "지나를 일종의 수수께끼로 방치하는" 데 그치지 않고 "일본 대륙정책의 본원적 방법의 옹호자 역할"[12]을 담당해 왔다는 점에서 간과할 수 없는 것이었다. 이러한 위기감과 문제의식에서 공간한 『현대지나론(現代支那論)』(1939년)의 서문에서 그는 중국 문제를 바라보는 자신의 입각점을 다음과 같이 밝히고 있다.

> 지나를 정당하게 이해하기 위해서는 국부적이 아니라 전체적으로 파악하는 일과 움직이는 것을 있는 그대로 인식할 필요가 있을 것이다. 과학적인 태도가 필요하다. 그러나 실험은 현미경적 내지 시체해부학적인 것에 멈추어서는 곤란하다. 무엇보다도 생체해부학적 태도가 요구된다. 얼핏 오랜 가사 상태에 빠져있는 듯 보이는 지나도 실은 활력을 보존하고 있어 새로운 운동법칙이 작용하고 있는 것이다.[13]

이러한 오자키의 시점은 당대 일본의 주류적 중국관, 즉 중국을 고대 이후 고정된 정체사회로 인식하는 경향이나, 일종의 인종 결정론을 내세워 왕조 내지 권력자의 이동을 통해 중국 역사를 설명하는 태도를 비판하려는 것이었다. 그가 볼 때 '현대 지나'는 언제나 현실이 이론을 앞서가는 역동적 사회였다. 현대 중국 연구에서 '생체해부학적 태도'가 요구되는 것도 바로 그러한 이유에서였다.

그렇다면 현대 중국은 어떠한 상황에 놓여 있고, 그 안에서는 어떠

---

12) 「支那論の貧困と事變の認識」, 『セルパン』 1937년 10월, 『尾崎秀實時評集: 日中戰爭期の東アジア』, 94쪽.
13) 『現代支那論』, 1쪽.

한 '새로운 운동법칙'이 작용하고 있는가? 이에 대한 오자키의 대답을 한마디로 정리하면, 오늘날 중국 사회는 반(半)봉건, 반(半)식민지적 상황에 처해 있고, 사회주의적 민족해방투쟁은 그러한 상황을 타파하려는 '새로운 운동법칙'이라는 것이다. 국민당 정부에 대한 오자키의 차가운 시선도 결국 국민당이 중국 사회의 반봉건성을 상징적으로 체현하는 군벌적 한계를 내포하고 있었기 때문이었다. 계급적 한계로 말미암아 제국주의 열강에 자본적으로 종속하는 국민당을 대신해 민족해방운동을 지도할 세력은 중국 공산세력이었다. 하지만 이 문제에 대한 오자키의 발언은 격렬한 국민당 비판에 비해 소극적 인상을 지울 수 없다. 먼저 '과학'을 지향하는 오자키에게 중국 사회의 미래는 당위의 영역이었고,[14] 또 언론을 둘러싼 당대 일본의 상황은 중국 민족운동의 '좌경화'를 적극적으로 논하기에는 너무나 많은 제약이 뒤따랐다. 따라서 이 문제에 대한 오자키의 발언은 간접적일 수밖에 없었다. "지나의 통일은 비(非)자본주의적 발전 방향과 연결될 가능성이 특히 증대하고 있다"[15]거나, "과거 경험을 돌이켜 볼 때 공산군은 종래 군벌 항쟁이 폭발할 때마다 그 세력을 확대해 왔다"[16] 등의 발언은 모두 그러한 오자키의 전망의 우회적 수사였다고 할 수 있다.

----

[14] 오자키가 사상을 형성한 1910년대 말, 1920년대 초 일본의 학문 상황은 신칸트주의가 제기하는 '존재와 당위의 준별' 문제가 커다란 영향력을 행사하고 있던 시기였다. 과학적 인식과 실천적 행위를 구별하려는 시도는 법률학계의 켈젠법학 수용, 실증주의 정치학의 대두 등의 현상을 가져왔는데, 중국 연구에서 '과학적 방법론'의 구축을 주장하는 오자키의 경우도 그러한 시대상황 속에서 사상을 형성했다.

[15] 「敗北支那の進路」, 『尾崎秀實時評集: 日中戰爭期の東アジア』, 137쪽.

[16] 「張學良クーデターの意義─支那社會の內部的矛盾の爆發」, 『中央公論』 1937년 1월, 『尾崎秀實時評集: 日中戰爭期の東アジア』, 24쪽.

3. 중국혁명과 일본의 개조

이상에서 살펴본 오자키의 중국론은 당시 일본 사회에서 이채를 발하는 내용의 것들이었다. 그것은 일본의 전통적인 대륙정책, 즉 오자키가 말하는 영토적 침략과 독점적인 세력권 확대를 추구하는 "일본 대륙정책의 본원적 방법"과는 물론, 그러한 대륙정책에 대한 '비판' 내지 '수정'으로 등장한 '일지경제제휴론(日支經濟提携論)'과도 오자키의 중국 인식은 첨예하게 대립하고 있었다. 당시 후자를 대표하는 주장으로 도쿄제국대학 식민정책학과 교수 야나이하라 다다오(矢內原忠雄)의 논문「지나 문제의 소재(支那問題の所在)」[17]를 들 수 있다. 그 속에서 야나이하라는 다음과 같이 말하고 있었다.

> 지나 문제 소재의 중심점은 민족국가로서 통일건설 도상에 매진하고 있는 중국을 인식하는 일이다. 이러한 인식에 부합하는 대지(對支) 정책만이 과학적으로 정확한 것이며, 따라서 종국에 가서 성공할 수 있는 실재적인 정책도 이 외에 없다. 이러한 인식에 입각하여 지나의 민족국가적 통일을 시인하고 그것을 원조하는 정책만이 지나를 돕고 일본을 돕고 또 동양 평화를 돕는 일이다.

야나이하라가 말하는 민족국가 승인론의 내용은 일단 국민당 주도의 민족국가 건설을 인정한 후 일본과 국민당 정부의 경제 협력을 추진하는 것이었다.[18] 이러한 경제적 중국 정책론은 1910년대 이래 일

---

[17]「支那問題の所在」,『中央公論』1937년 2월.
[18] 야나이하라에 관해서는 이 책의 제5장「근대 일본과 미크로네시아」에서 다시 언급할 예정이다.

본 정치의 민본주의적 재편과 국민 외교를 주장했던 다이쇼(大正) 데
모크라시 운동의 기수들, 예를 들어 요시노 사쿠조(吉野作造)나 이시
바시 단잔(石橋湛山) 등의 주장의 연장선상에 있는 것이었다. 간단히
말해 그것은 비영토적 경제주의에 입각한 중국 정책론이라고 할 수
있다.19) 오자키는 당시 경제주의에 입각한 대 중국 외교론에 대해 다
음과 같은 비판을 가하고 있었다.

> 일지경제제휴는 일본을 공업국으로 발달시키면서 동시에 지나
> 를 원료공급지 내지 농업국으로 만드는 것을 암암리에 전제하고
> 있다. 그것이 반식민지 지나에게 주어진 '평등'한 입장이라는 점
> 도 어쩔 수 없는 사실일 것이다. 경제제휴의 방책도 비록 그 수단
> 이 본래의 대륙정책에 비해 온화한 것이라 할지라도 본질적으로
> 는 대륙정책에서 중요한 일익을 담당하고 있는 점은 명료한 사실
> 일 것이다.20)

"주로 일본의 경제적 요구에 입각한" 일방통행적인 일지경제제휴론
은 경제 침략의 또 다른 이름에 불과했고, 만약 경제적, 자본적 진출
이 용이하지 않을 경우 "곧바로 본래적 대륙정책 방법이 발동될"21) 소

---

19) 요시노 사쿠조의 중국 정책론에 대해서는 李秀烈, 「「民本主義と帝國主義」再考」,
『比較社會文化』 제11호, 2002에서 살펴보았다. 그것이 주장하는 바는 결국 일본
이 갖고 있는 중국 이권을 평화적으로 확보하려는 것이었다. 이 점은 "이권 설정
만으로는 국민의 수요와 아무런 상관이 없다. 일본 국민이 요구하는 것은 안전
하게 개척할 수 있는 이권을 설정하는 일이다."(『東方時論』 1918년 8월)라는 요
시노의 발언 속에 극명하게 나타나 있다. 이러한 경향은 이시바시 단잔의 '소일
본주의(小日本主義)'의 경우도 마찬가지였다. 일본사학계 내부의 높은 평가(그것
은 주로 중국에 독점적인 세력권 구축을 주장했던 사람들과의 비교를 통한 평가
이다)에도 불구하고, 동 시기 일본의 국민주의적 대 중국 외교론은 '안으로는 민
본주의, 밖으로는 제국주의'라는 틀에서 크게 벗어나지 못했다고 할 수 있다.
20) 「支那論の貧困と事變の認識」, 『尾崎秀實時評集: 日中戰爭期の東アジア』, 97쪽.

지를 남기고 있었다. 오자키는 중국을 단순히 일본자본주의의 원료공급지로 인식하는 일지경제제휴론의 자기중심적 태도를 비판하며, "그것이 설사 순수하게 경제적, 자본적 범위와 방법에 한정된 것이라 하더라도" 중국 내셔널리즘의 입장에서 볼 때는 "경제 침략의 한 방식"[22]에 불과하다는 점을 지적하고 있는 것이다.

1930년대에 발표된 오자키의 중국론은 일본자본주의의 안정적 발전을 위한 정책적 제안이 아니었다. 장제스가 이끄는 국민당을 중국의 정통 정부로 승인할 것인가 말 것인가의 문제는 더욱 아니었다. "지나의 민족적 요구가 최고 명령이 된"[23] 중국 사회에서 지도부의 문제는 더 이상 모든 국면을 결정할 수 없었기 때문이다. "훗날 일본이 전쟁에서 효력을 발휘해 국민정부를 제압하는 날이 온다 하더라도 이 민족적 결합 문제는 계속 남을 것"[24]이라고 생각하는 오자키에게, 문제의 핵심은 중국 민족해방투쟁에 대한 일본 사회의 무지와 그 결과로서 예상되는 일중 양 민족 간의 정면충돌이었다.

이러한 상황 속에서 오자키는 "아마도 일본이 본질적이고 근본적으로 개조되지 않는 한 이 문제는 해결될 성질의 것이 아닐 것"[25]이라는

---

21) 「日支經濟提携批判」, 『改造』 1937년 5월, 『尾崎秀實時評集: 日中戰爭期の東アジア』, 73쪽.

22) 「日支經濟提携批判」, 『尾崎秀實時評集: 日中戰爭期の東アジア』, 73쪽.

23) 「國共兩黨合作の將來」, 『日本評論』 1937년 12월, 『尾崎秀實時評集: 日中戰爭期の東アジア』, 152쪽. 당시 오자키는 국민당과 공산당을 "동일 진영 내부의 두 개의 대립하는 집단이 아니라, 하나의 집단이 된 민족적 통일체 내부의 두 개의 지도부의 문제"(149쪽)로 인식하고 있었다.

24) 「長期抗戰の行方」, 『改造』 1938년 5월, 『尾崎秀實時評集: 日中戰爭期の東アジア』, 163쪽. 그가 볼 때 중국은 전쟁으로 말미암아 "국가적 저항력이 약화된 것은 사실이지만 긴 역사적 안목에서 보았을 때 민족적 응집력이 비약적으로 진전"(162쪽)된 상태였다.

25) 「長期抗戰の行方」, 『尾崎秀實時評集: 日中戰爭期の東アジア』, 157~158쪽.

결론에 도달하게 된다. 당시 오자키는 일본의 정치 상황을 다음과 같
이 분석하고 있었다.

> 일본 국민, 일본 사회는 근본적인 곳에서 깊게 움직이고 있다.
> 더구나 이런 사태는 현 시국에서 필연적으로 발생하여 어쩔 도리
> 가 없는 일정한 방향으로 나아가고 있다. 정치지도부는 그 방향
> 을 설정하고 그에 대처하는 타당한 정책을 고안해야 한다. 그러
> 나 양자 사이에는 관료적, 자본가적 기성 기구라는 깊은 골이 몇
> 층이나 존재해, 최고 정치지도부와 움직이는 대중 사이에 절연체
> (絶緣體), 적어도 불량도체(不良導體)를 형성하고 있다.[26]

　여기서 말하는 '일정한 방향'이란 일본 사회의 사회주의화를 의미하
는 것이지만, 이러한 주장 또한 당시의 언론 상황 속에서는 그대로 표
현될 수 없었다. 오자키의 논문에 산재하는 '일본 정치 경제의 재조직'
또는 '국민 재조직 문제' 등의 표현은 그러한 의도를 우회적으로 표현
한 것이었다. 이 시기 오자키는 중국혁명을 매개로 한 일본 사회의 사
회주의화를 기도하고 있었다. 고노에 내각의 '동아협동체(東亞協同
體)' 구상에 그가 비판적으로 개입하는 이유도 '동아신질서(東亞新秩
序)'를 계기로 일본 사회의 사회주의화와 일중 연대 가능성을 모색하
고자 했기 때문이었다. 그는 동아협동체론 성립의 기초를 다음과 같
이 설명한다.

------

26) 「漢口戰後に來るもの」, 『大陸』 1938년 10월, 『尾崎秀實時評集: 日中戰爭期の東ア
　ジア』, 181쪽.

자원추구주의나 그것을 주된 내용으로 하는 경제블록론과 같
은 것은 도덕성의 문제는 물론 현실 문제로서 개발 자금, 치안,
그리고 전쟁 수행을 감안한 일반 경제적 여유의 문제 등에서 성
립할 수 없는 것이다. 동아협동체론 성립의 기초 중 하나는 이상
과 같은 일본의 일방적 방식에 의해 동아 제국을 경제적으로 조
직화하는 일이 곤란하다는 사실이 명확하게 된 결과이다. 그러한
의미에서 말하자면 '동아협동체'론 발생의 가장 중요한 원인은 지
나의 민족 문제를 재인식한 데에 있다고 생각된다.[27]

일지경제제휴론의 도덕성을 문제시하는 오자키는 "동아의 생산력
증대가 반식민지 상태에서 스스로 탈각하고자 하는 민족의 해방과 복
지"[28]에 공헌할 수 있어야 한다고 생각했다. 그러기 위해서는 일본 자
신이 "영미와 동일 계열에 서는 본래의 자본주의적 주장을 수정"[29]할
필요가 있었다. 국가 간 연대를 넘어 일중 간의 계급적 연대 위에 성
립하는 오자키의 '동아신질서 사회' 구상은 조르게사건으로 구금된 후
사법경찰의 심문조사에서 선명하게 그 모습을 드러낸다. 그는 "세계
자본주의사회는 필연적으로 세계 공산주의사회로 전환 될 것"[30]임을
전제한 뒤, 동아시아 신질서 구상을 다음과 같이 밝히고 있다.

27) 「「東亞協同體」の理念とその成立の客觀的基礎」, 『中央公論』 1939년 1월, 『尾崎秀
實時評集: 日中戰爭期の東アジア』, 190쪽.
28) 「「東亞協同體」の理念とその成立の客觀的基礎」, 『尾崎秀實時評集: 日中戰爭期の
東アジア』, 198쪽.
29) 「「東亞協同體」の理念とその成立の客觀的基礎」, 『尾崎秀實時評集: 日中戰爭期の
東アジア』, 203쪽.
30) 「「東亞新秩序社會」について」(1942.2.14, 사법경찰관 신문조서), 『尾崎秀實時評集:
日中戰爭期の東アジア』, 411쪽.

　　제가 이야기하는 '동아신질서 사회'란 전환기에 즈음하여 일본
국내의 혁명적 세력이 매우 취약하다는 현실과, 또 그러한 중요
한 일본의 전환은 일본 독자적으로는 행할 수 없고 설사 한다고
해도 안정되지 못한다고 생각하고, 또 영미 제국주의와의 적대관
계 속에서 일본이 그러한 전환을 수행하기 위해서는 소련, 자본
주의 기구를 이탈한 일본, 그리고 중국공산당이 완전히 헤게모니
를 장악한 중국, 이 세 민족의 긴밀한 제휴 원조를 필요로 하고,
이 세 민족의 긴밀한 결합을 중핵으로 하여 동아 제 민족의 민족
공동체 확립을 지향하는 것입니다.[31]

　　참고로 '동아신질서 사회' 속에서 조선은 민족적 독립과 일본 민족
공동체 잔류라는 두 가지 선택 가운데, 조선 민중의 의향, 경제적 자
립성, 또 그때그때의 동아 전역의 여러 관점 등에서 결정될 사항이었
다.[32] 1930년대 후반 일중 전면전쟁 상황 아래서 오자키는 국가를 초
월하는 계급적 일중연대를 모색하고 있었다. 그것은 단순히 기존의
국민국가를 전제로 한 국가 간 연대, 즉 인터내셔널리즘을 뛰어넘어
중국의 사회주의혁명을 일종의 방법화함으로써 일본 사회를 개조하
려는 내용의 것이었다. '세계 공산주의사회'의 일부분을 형성하는 '동
아신질서 사회'는 일본, 중국, 소련의 제휴에 입각하는 동아시아의 사
회주의적 연대를 의미했다. 중국 문제를 "일생의 과제"[33]로 삼고 "지

---

31) 「「東亞新秩序社會」について」, 『尾崎秀實時評集: 日中戰爭期の東アジア』, 412~
　　413쪽.
32) 오자키는 '동아신질서 사회' 속에서 국가와 민족을 "하나의 지역적 내지 정치적
　　결합의 단위"(『ゾルゲ事件: 上申書』, 212쪽)로 파악하고 있었다. 이 같은 인식은
　　'동아신질서 사회' 내부에서 일본의 지위를 '지도국'으로 설정하는 당대의 로야마
　　마사미치(蠟山政道) 등의 논의와 크게 다른 것이었다.
33) 『現代支那論』, 自序.

나혁명 종군기자"[34]를 자부하던 오자키가 1930년대 일중 문제에 대해
제출한 최종적인 응답은 이상과 같은 내용의 것이었다.

4. 중국 인식과 상하이 경험

그렇다면 오자키에게 중국 문제란 무엇이며, 또 1930년대에 발표된
사회주의적 동아시아 연대 구상은 어떠한 과정 속에서 형성된 것인
가? 이 문제에 대답하기 위해서는 먼저 오자키의 유년 체험에 대해 언
급할 필요가 있을 것이다. 그는 저널리스트로 타이완에 부임한 아버
지를 따라 유년 시절을 식민지 타이완에서 보냈다. 후일 오자키는 타
이완 체험과 자신의 중국 문제와의 관계에 대해 아래와 같이 회상하
고 있었다.

> 소년 시절을 통해 단 하나 일반 사람들과 비교해 다른 경험은
> 타이완이라는 토지 특성 상, 언제나 타이완인(지나 계통 사람)과
> 접촉이 있었다는 점입니다. 아이들 사이의 싸움도 있었고, 통치
> 자와 피치자 간의 여러 관계를 일상생활 속에서 구체적인 형태로
> 직접 느낄 수 있었습니다. 이런 점은 민족 문제에 대한 나의 이전
> 부터의 특별한 관심을 고취시키는 원인이 되었으며 또 지나 문제
> 에 대해 이해하는 계기가 되었다고 생각합니다.[35]

여기서 이해를 돕기 위해 몇 가지 해설을 덧붙이면, 오자키가 태어

---

34) 「序論」, 『支那社會經濟論』, 生活社, 1940,
35) 『ゾルゲ事件: 上申書』, 27쪽.

난 1901년 당시 아버지 오자키 히데타로(尾崎秀太郎)는 타이완총독부
민정장관 고토 신페이(後藤新平)의 초청으로 타이완일일신보사(台灣
日日新報社) 한문부 주필로 근무하고 있었다. 오자키가 어머니 기타
(きた)와 함께 타이완으로 건너간 것은 태어난 해 10월의 일이었다.
이후 오자키는 1919년 타이완중학교를 졸업하고 도쿄의 제1고등학교
에 진학할 때까지 식민자 내지 지배자로서 타이완 생활을 보내게 된
다. 당시 일본은 항일 세력을 진압하는 데 어느 정도 성공해, 고산족
(高山族)에 대해 무력교화(武力敎化) 정책을 펴고 있었다. 그가 유년
시절을 민족 문제에 눈뜨게 되는 한 계기로 회고하는 것은 "대체로 난
폭한" 식민지 일본인들이 "타이완 사람들에 대해 방약무인(傍若無人)
하게 행동"[36)하는 모습을 보고 자란 체험에서 비롯하고 있었다.

  그러나 오자키의 회상에도 불구하고 타이완에서의 유년 시절은 그
의 사상 형성에서 하나의 계기를 제공하는 데 그친 것처럼 보인다. 그
가 본격적으로 사회 문제를 연구 대상으로 삼기 시작한 것은 도쿄제
국대학 법과대학에 입학한 다음 해인 1923년에 일어난 제1차 공산당
검거사건과 관동대지진을 경험하고 나서부터였다. 특히 후자의 경우,
혼란 속에서 다수의 조선인과 무정부주의자가 학살당한 사건은 오자
키로 하여금 "민족 문제의 심각함과 정치의 복잡한 관련을 통탄(痛
嘆)"[37)하게 하기에 충분했다. 하지만 일련의 사건을 경험하고 또 본격
적으로 사회 문제를 연구 대상으로 삼으면서도, 오자키는 『공산당선
언』에 대해 "가공할 도그마"[38)라는 감상을 흘리는 그러한 청년이었

---

36) 『ゾルゲ事件: 上申書』, 27쪽.
37) 『ゾルゲ事件: 上申書』, 29쪽.
38) 尾崎秀樹, 『ゾルゲ事件: 尾崎秀實の理想と挫折』, 26쪽에서 재인용.

다.[39] 당시 오자키는 그 스스로도 회상하고 있듯이 적극적인 사회 참여의 길을 선택하기보다는 "중간적인 일종의 형세 관망"[40]적 태도를 취하고 있었다. 도쿄아사히신문사 입사도 그러한 미온적 태도에서 비롯된 선택이었다고 오자키는 회상하고 있다.

오자키의 형세 관망적 태도가 일변하게 되는 전기는 1928년 오사카 아사히신문 상하이 통신부 전근이었다. 서두에서 이미 소개한 바와 같이 오자키는 상하이에서 "좌익의 입장에서의 지나 문제 파악"에 "완전히 매료"[41]되었다. 즉 "마르크스주의 연구가 지나 문제로의 관심을 불러일으킨 것이 아니라 역으로 지나 문제의 현실적 전개가 마르크스주의 이론에 대한 관심을 심화"[42]시키는 그런 경험을 하게 되는 것이다. 오자키는 상하이 경험과 자신의 사상적 입장에 대해 다음과 같이 말했다.

내가 상하이에 있었던 것과 관련해서 그 뒤 나의 사상적 입장에 특징을 부여한 점은 첫째, 지나가 소위 반식민지 지위에 있었다는 사실, 따라서 민족 해방 또는 민족 문제 일반에 강한 관심을 갖게 된 일입니다. 둘째, 지나에서 지배적 입장을 차지하고 있던 영국을 모든 각도에서 현실적으로 관찰한 결과, 영국이야말로 지나뿐만 아니라 세계의 피억압자에게 최대 공통의 적이라는 사실

<hr>

39) 앞서 언급한 바와 같이 오자키는 신칸트주의의 영향 아래 사상을 형성했다. 존재와 당위의 준별을 주장하는 신칸트주의는 일본 사상사에서 정치적 실천을 위한 이론이라기보다 이론적 인식을 위한 방법론 구축의 문맥에서 수입된 사상이었다. 오자키가 정치 활동에 전면적으로 개입하지 않는 데는 그러한 이유도 작용하고 있다고 생각된다.
40) 『ゾルゲ事件: 上申書』, 30쪽.
41) 『ゾルゲ事件: 上申書』, 52쪽.
42) 『ゾルゲ事件: 上申書』, 52쪽.

을 확신했다는 사실입니다.[43]

오자키가 상하이에서 발견한 것은 "상하이의 주인공은 사실상 영국"[44]이라는 현실과 열강의 제국주의적 침략에 대항하는 중국 내셔널리즘의 대두였다. 오자키는 착종하는 상황 한가운데서 "당면한 일본의 운명을 결정하는 열쇠가 처음부터 끝까지 지나 문제 안에 존재하고 있다"[45]는 사실을 감지하고 마르크스주의적 중국 문제 파악에서 그 해답을 찾고자 했다.

> 상하이는 좌익 입장에서 이야기하면 제국주의적 제 모순의 거대한 결절(結節)이었다고 말할 수 있습니다. 그곳에는 아직도 1927년까지의 좌익주의 고조의 여파가 완전히 남아 있었습니다. 문예 좌익 일단(一團)인 창조사(創造社)와 같은 존재는 그 한 예였습니다. 당시 내가 상하이에서 젊음과 미숙한 정열을 갖고 완전히 그러한 환경의 포로가 되었던 것은 돌이켜보면 매우 자연스러운 일이었다고 생각합니다. 나는 상하이에서 비로소 극히 초보적인 소부르주아 운동에서 벗어나 드디어 가장 커다란 국제적 좌익 조직 내부로 들어갔습니다.[46]

---

43) 『ゾルゲ事件: 上申書』, 33쪽. 오자키는 여기서 제국주의 열강의 대표로서 영국을 들고 있지만 일본 또한 결코 예외가 아닌 것은 지금까지 살펴본 그의 중국론의 내용에서 명백하다. 고려해야 할 점은 이러한 발언이 '상신서'라는 특수한 조건, 즉 사형이 확정된 뒤 관헌의 선처를 호소하는 문맥에서 이루어진 것이라는 사실이다. 그럼에도 불구하고 오자키는 상신서 속에서 중국 측의 일본 상품 불매운동과 배일 감정에 대해 "충분히 이유가 있다"(34쪽)고 발언하고 있다.
44) 『ゾルゲ事件: 上申書』, 33쪽.
45) 『ゾルゲ事件: 上申書』, 180쪽.
46) 『ゾルゲ事件: 上申書』, 52쪽.

1928년 오자키가 상하이에 부임했을 무렵, 민족해방운동을 둘러싼 중국의 정치 상황은 '혁명'에서 '반혁명'으로 급격히 선회하고 있었다. 1927년의 4·12쿠데타로 제1차 국공합작은 실질적으로 와해된 상태였으며, 정치적 실권을 장악한 장제스는 국민혁명 자체를 압살하려 들고 있었다. 그가 말하는 "1927년까지의 좌익주의"란 4·12쿠데타 이전의 북벌과 국공합작을 의미하는 말이었다. 오자키가 상하이에서 목격한 것은 반혁명의 과중에 신음하는 중국의 현실이었다.

그러나 국제적 식민지도시 상하이에는 국민당의 압제에도 불구하고 아직도 '자유'가 존재하고 있었다. 그 자유는 상하이가 열강에 의해 분할 점령되고 있다는 현실, 오자키의 표현을 빌리자면 상하이가 "제국주의적 제 모순의 거대한 결절"이었기 때문에 발생하는 모순적 자유였다. 루쉰을 비롯한 중국의 좌파 지식인들이 국민당 권력이 미치지 못하는 상하이 조계로 모여든 것은 열강의 분할 지배 속에서 발생하는 역설적 자유가 아직 상하이에는 존재하고 있었기 때문이다. 오자키는 반혁명과 자유가 교차하는 상하이에서 좌익작가들과의 만남을 통해 중국 민족해방운동의 사회주의적 미래에 대한 확신을 갖게 된다.[47]

상하이에 부임한 오자키에게 중국의 좌파 지식인들을 소개한 사람은 야마가미 마사요시(山上正義)와 타오징순(陶晶孫)이었다. 신문연합사(新聞連合社) 특파원으로서 1927년 광둥(廣東)코뮌을 일본에 보도한 경력이 있는 야마가미[48]는 프롤레타리아 혁명문학을 지향하는

---

[47] 상하이에서의 오자키의 활동과 인적 교류에 대해서는 尾崎秀樹, 『上海1930年』, 岩波新書, 1989; 丸山昇, 『上海物語: 國際都市上海と日中知識人』, 講談社學術文庫, 2004(초출은 1987년 集英社); NHK取材班 편, 『日本の選擇 2 魔都上海: 十萬の日本人』, 角川文庫, 1995 등을 참조.

창조사의 작가들, 예를 들어 펑나이차오(馮乃超), 정바이치(鄭伯奇), 왕두칭(王獨淸), 샤옌(夏衍) 등을 오자키에게 소개했다. 창조사 사무소가 아사히신문 상하이지국과 가까운 거리에 있었던 관계로, 오자키는 자주 사무소에 출입하며 동인들과 교류했다고 한다.[49] 궈모뤄(郭沫若)의 의동생인 타오징순도 오자키에게 상하이의 좌파 지식인을 소개한 사람 가운데 한명이었다. 타오징순은 당시 위다푸(郁達夫)로부터 이어받은 잡지 『대중문예(大衆文藝)』의 편집 일을 담당하는 한편, 선돤셴(沈端先), 펑나이차오, 정바이치, 샤옌 등과 함께 예술극사(藝術劇社)를 조직하여 신극 활동을 전개하고 있었다. 오자키는 타오징순을 통해 본격적으로 중국의 신문화운동에 가담하게 된다. 이후 오자키는 정관적인 중국 탐구자의 입장에서 벗어나 중국혁명의 협력자로서 행동하게 되는데, 1930년 샤옌의 부탁을 들어 좌익작가연맹(左翼作家連盟)에게 집회 장소를 제공하거나, 예술극사의 '서부전선 이상 없다' 공연을 위해 무대를 알선한 것은 그 구체적인 협력 내용이었다.[50]

상하이에서 오자키의 활동은 단순히 중국 좌파 지식인들과의 인적 교류에 그치는 것이 아니었다. 예를 들어 타오징순이 편집하는 잡지 『대중문예』에 일본의 '좌익 문단' 상황에 관한 논설을 발표하는 등, 오자키는 양국의 계급적 연대에도 노력을 기울였다. 당시 일중연대를 위한 대표적인 작업으로 현대 중국문학을 '국제 프롤레타리아 문학선

---

48) 야마가미에 관한 거의 유일한 연구로 丸山昇, 『ある中國特派員: 山上正義と魯迅』, 中公新書, 1976이 있다.

49) 尾崎秀樹, 『ゾルゲ事件: 尾崎秀實の理想と挫折』, 72쪽.

50) 샤옌에 의하면 오자키, 야마가미, 스메들리 등은 예술극사의 '서부전선 이상 없다' 공연을 상하이의 외국어신문에 소개했다고 한다(尾崎秀樹, 『上海1930年』, 89~90쪽).

집' 형태로 일본에 소개한 일을 들 수 있는데, 1931년 10월 오자키는 야마가미, 타오징순과 함께 루쉰의 『아Q정전(阿Q正傳)』(四六書院, 야마가미 마사요시 번역)을 간행했다. 책의 서두에는 중국 좌익문단의 현황과 좌파 지식인들에 대한 국민당의 테러를 소개하는 오자키의 논문이 게재되어 있었다.[51]

오자키가 조르게, 스메들리와 같은 국제공산주의자들과 접촉하게 되는 것도 이 같은 상황 하에서의 일이었다. 결과적으로 조르게와의 조우는 스파이사건으로 이어져 1944년 양자의 사형으로 일단락되지만, 적어도 아래의 증언은 오자키와 조르게의 만남이 어느 한 특정 국가의 이익을 위한 것이 아니라 '세계혁명의 일환'으로 이루어진 것임을 말해주고 있다.

　　되돌아보면 내가 아그네스 스메들리 여사나 리하르트 조르게와 만난 것은 그야말로 숙명적이라고 말할 수 있습니다. 그 뒤 내가 걸었던 좁은 길을 결정한 것은 결국 그들이었기 때문입니다. 그들은 모두 주의(主義)에 충실하고 신념이 깊고 또 하는 일에 있어서 열심이었고 유능했습니다. 만약 그들이 조금이라도 사심을 갖고 행동하거나 우리를 이용하려 드는 태도를 보였다면 적어도 나는 반발하여 사이가 멀어졌으리라 생각합니다. 그러나 그들, 특히 조르게는 친절한 우정과 두터운 동지로서 마지막까지 변함이 없었고 나도 그를 전폭적으로 신뢰하고 협력했습니다.[52]

51) 오자키와 루쉰의 만남은 당시 상하이에서 우치야마(內山)서점을 경영하며 양국 지식인들 간의 민간교류를 추진하고 있던 우치야마 간조(內村完造)의 소개로 이루어졌다. 루쉰은 오자키를 "박식하고 건실한 사람"으로 평가하고 있었다고 한다 (尾崎秀樹, 『ゾルゲ事件: 尾崎秀實の理想と挫折』, 80쪽).
52) 『ゾルゲ事件: 上申書』, 33쪽.

오자키의 신뢰는, 조르게가 오자키를 "친구이자 동료"[53]로 묘사하고 있는 것을 볼 때, 결코 일방통행적인 것이 아니었다. 그들은 중국의 민족해방투쟁의 승리와 세계혁명의 실현을 믿어 의심치 않았던 국제공산주의자들로, 조르게가 소비에트 공산당을 어디까지나 "코민테른 지도하의 조직"[54]으로 자리매김하고 있듯이, 오자키 또한 "코민테른과 소비에트 연방은 이론상은 물론 실제로도 전혀 별개"[55]라고 생각하고 있었다. 그들이 당시 꿈꾸던 것은 자본주의적 세계를 대신하는 국제적 공산사회, 오자키의 표현을 빌리자면 공산주의적 '세계대동사회(世界大同社會)'[56]의 실현이었다. 코민테른은 그러한 사회를 실현하는 국제기구로서 존재하기 때문에 충성의 대상이 되었을 뿐이었다. 하지만 국제공산주의 운동을 둘러싼 객관적 조건이 그 뒤 악화 일로를 걸었던 사실은 주지하는 바와 같다. 만주사변 발발과 상하이사변을 계기로 상하이는 거의 일본의 단독 지배하에 놓이게 되는데, 때를 같이하여 오자키는 1932년 2월 상하이를 떠나 오사카아사히신문사 외보부(外報部)로 전근한다. 이후 오자키의 언론 투쟁의 장은 도쿄로 옮겨가게 된다.

53) リヒアルト・ゾルゲ, 『ゾルゲ事件: 獄中手記』, 岩波書店, 2003, 220쪽. 조르게는 오자키를 "나의 가장 중요한 동료"로 전제한 후 "우리들 사이에 맺어진 관계는 사무적으로도 사적으로도 완벽한 것이었다."(위의 책, 127쪽)고 이야기하고 있다.
54) 『ゾルゲ事件: 獄中手記』, 100쪽.
55) 오자키가 변호사(堀川祐鳳) 앞으로 보낸 서한(1943.12.7.), 尾崎秀實, 『新裝版 愛情はふる星のごとく 下』, 靑木書店, 1985. 이 점은 오자키가 경찰 신문이나 상신서에서 몇 번이나 강조한 부분이기도 하다.
56) 『ゾルゲ事件: 上申書』, 94쪽.

5. 맺음말

오자키는 3년간에 걸친 상하이 경험을 통해 획득한 중국 인식을 그 뒤로도 일관되게 유지했다. 좌파 지식인들에 대한 국민당의 테러, 인적 교류를 통해 실감할 수 있었던 중국 민족해방운동의 사회주의적 미래, 그리고 조르게, 스메들리와 같은 국제공산주의자들과의 접촉을 통해 예감할 수 있었던 세계혁명의 가능성, 이 모든 것은 오자키의 출발 사상을 형성하는 상하이 경험의 내용들이었다. 1930년대에 표명된 오자키 호쓰미의 방대한 양의 중국론은 그러한 상하이 경험을 토대로 한 현대 중국에 대한 '생체해부학적' 관찰의 결과물이었다.

국제적 식민지도시 상하이는 오자키가 이야기하듯 제국주의적 모순의 거대한 결절점이었다. 그곳에는 영국과 미국의 공동조계, 프랑스조계, 그리고 속칭 '일본조계'가 존재하고 있었다. 중국인은 조계 인구의 90% 이상을 차지하고 있었지만 아무런 정치적 권리도 향유할 수 없었다. 한편 일본에서 볼 때 상하이는 나가사키에서 배로 한나절 반이면 도착하는 가장 가까운 거리에 있는 외국의 항구도시였다. 상하이는 일본인이 여권 없이 갈 수 있는 유일한 '외국'이기도 했다. '나가사키 현(長崎縣) 상하이 시(上海市)'라는 말에서 보이는 것처럼 근대 일본에서 상하이는 중국이면서 중국이 아닌 곳이었다. 특히 1910년대 일본의 자본주의적 발전이 초래한 투어리즘(tourism)의 융성은 일본인의 상하이 방문을 더욱 용이하게 했다. 당시 상하이를 방문한 인간 군상은 실로 다양했다. 댄스 걸에서 저명한 작가에 이르기까지 많은 근대 일본인들이 상하이를 찾았고 또 글을 남겼다. 그러나 그들 대부분이 "제국주의적 모순의 거대한 결절"로서의 상하이의 현실을 보지 못하거나, 보려 들지 않았던 것도 사실이다. 상하이에서 일본은 곧 '서양'이었고, 그곳을 방문한 일본인들은 언젠가는 그러한 지배자로서의 일본과 조우할 수밖에 없었지만, 그들은 현실을 외면하거나 애써 그 의미를 축소했다. 다니자키 준이치로(谷崎潤一郎)나 아쿠타가와 류노스케(芥川龍之介)와 같은 저명한 작가들이 몇몇 중국 문인들과의 인적 교류를 통해 양국 간의 문제를 문화적으로 해결하려고 시도한 바 있었지만, 그것도 결국 일본의 제국주의적 중국 정책을 소극적으로 비판하거나 묵인하는 데 그쳤다.

그에 반해 오자키의 경우는 실지 체험을 통해 획득한 중국 민족해방운동의 사회주의적 전망을 하나의 방법으로 승화시켜 중국과 일본과 세계를 논했다는 점에서 특필할 만한 존재였다. 3년간의 상하이 생활을 통해 경험할 수 있었던 "지나 문제의 현실적 전개"를 인식의 출발점으로 삼은 오자키의 중국론은 동시대의 관념적인 중국관으로부터 그의 논리를 결정적으로 차별화했다. 경제주의 관점에서 대중국 정책의 부분적 수정을 요구하는 다이쇼 데모크래트들의 '일지경제제휴론'을 "비도덕적"이라고 비판할 수 있었던 것도 상하이 경험을 통해 획득한 지견에서 비롯하고 있었다. 중국 좌익작가들과 국제공산주의자들과의 만남이 그 구체적인 경험의 내용이었다는 사실은 본문에서 논한 바와 같다.

오자키가 중국 인식을 형성한 장으로서의 상하이는 제국주의 세력의 각축 속에서 역설적으로 자유가 탄생하는 곳이었다. 그러한 모순적 자유가 상하이를 근대 동아시아 사회주의 네트워크의 중심지 내지 발신지로 조형해 가는 또 하나의 역설을 낳은 것이다.

참고문헌

박양신, 「식민정책학의 신지평과 만주문제 인식: 야나이하라 다다오(矢內原忠雄)를 중심으로」, 『만주연구』 21, 2016.

이석원, 「近代 日本의 自由主義 植民政策學 硏究: 야나이하라 타다오(矢內原忠雄)의 植民政策學을 中心으로」, 연세대학교 대학원 석사학위논문, 2003.

今井淸一 편, 『開戰前夜の近衛內閣: 滿鐵『東京時事資料月報』の尾崎秀實政治情勢報告』, 靑木書店, 1994.

內山完造, 『上海漫談』, 改造社, 1938.

內山完造, 『上海夜話』, 改造社, 1940.

NHK取材班 편, 『日本の選擇 2 魔都上海: 十萬の日本人』, 角川文庫, 1995.

尾崎秀樹, 『ゾルゲ事件: 尾崎秀實の理想と挫折』, 中公新書, 1963.

尾崎秀樹, 『上海1930年』, 岩波新書, 1989.

尾崎秀實, 『現代支那論』, 岩波新書, 1939.

尾崎秀實, 『支那社會經濟論』, 生活社, 1940.

尾崎秀實, 『新裝版 愛情はふる星のごとく 上』, 靑木書店, 1985.

尾崎秀實, 『新裝版 愛情はふる星のごとく 下』, 靑木書店, 1985.

尾崎秀實, 『ゾルゲ事件: 上申書』, 岩波書店, 2003.

風間道太郎, 『尾崎秀實傳』, 法政大學出版局, 1968.

野村浩一, 『近代日本の中國認識: アジアへの航跡』, 硏文出版, 1981.

野村浩一, 『近代中國の思想世界: 『新靑年』の群像』, 岩波書店, 1990.

丸山昇, 『ある中國特派員: 山上正義と魯迅』, 中公新書, 1976.

丸山昇, 『上海物語: 國際都市上海と日中知識人』, 講談社學術文庫, 2004.

米谷匡史 편, 『尾崎秀實時評集: 日中戰爭期の東アジア』, 平凡社東洋文庫, 2004.

リヒアルト・ゾルゲ,『ゾルゲ事件: 獄中手記』, 岩波書店, 2003.
劉建輝,『魔都上海: 日本知識人の「近代」體驗』, 講談社メチエ, 2000.
矢內原忠雄,「支那問題の所在」,『中央公論』1937년 2월.
李秀烈,「「民本主義と帝國主義」再考」,『比較社會文化』제11호, 2002.

제3장

지배와 향수:

근현대 일본의 다롄 표상

제3장 지배와 향수: 근현대 일본의 다롄 표상

1. 머리말

중국 랴오닝 성(遼寧省) 남부에 위치하는 다롄은 20세기 동아시아의 역사를 체현하는 도시이다. 열강의 진출과 중국의 저항을 기본 축으로 전개된 다롄시의 굴곡의 역사는 19세기 후반 영국과 프랑스의 연합군이 다롄 주변에 상륙하면서부터 시작되었다. 영국군은 이때 다롄 만(大連灣)과 그 주위 육지를 측량하면서 다롄 항 어귀를 Victoria Bay, 진저우(金州)의 다허샹 산(大和尙山)을 Mount Samson, 뤼순(旅順)을 Port Arthur로 일방적으로 명명했다. 하지만 영불연합군의 지배는 단기간에 그쳤다. 다롄이 제국주의 열강의 주목을 다시 받게 되는 것은 제정 러시아가 관동주(關東州)를 조차하면서부터였다. 물론 그 이전에 청일전쟁, 일본의 랴오둥 반도(遼東半島) 영유, 삼국간섭, 일본의 반환이라고 하는 역사가 있었다. 부동항 뤼순(旅順)을 손에 넣은 러시아는 태평양함대를 배치하여 웨이하이웨이(威海衛)의 영국 동양함대, 칭다오(靑島)의 독일함대, 그리고 동해를 사이에 두고 일본 해군과 대치하는 한편, 그때까지 한산한 어촌에 불과했던 칭니와(靑泥窪)에 자

유항을 건설하기 시작했다. 러시아는 그곳을 '달니'라고 불렀는데, 그
것은 '머나먼'이란 의미였다. 도시 건설에 착수한 러시아는 프랑스 파
리를 모델로 삼아 달니를 '동양의 파리'로 조성할 것을 목표로 했다.
다롄 거리에 심겨진 아카시아나무는 파리의 가로수를 모델로 한 것이
었다.

　달니가 다이롄(大連의 일본식 발음)이 되는 것은 러일전쟁 이후 일
본이 러시아 권익을 이어받으면서부터였다. 일본은 러시아가 중도에
포기한 도시 건설을 계승하여 다롄을 '근대화 실험 도시'로 만들 것을
계획했다. 당시 만들어진 다롄 부두는 한꺼번에 10,000명까지 수용할
수 있는 시설로, 대합실에만 5,000명이 들어갈 수 있었다. 다롄 부두에
"입항한 사람들은 먼저 이 건물의 위용에 놀랐다"[1]고 한다. 많은 일본

다롄부두 전경
(출전: 『世界地理風俗大系 Ⅰ』, 新光社, 1930, 120쪽)

---

[1] 井上ひさし・こまつ座 편, 『井上ひさしの大連: 寫眞と地圖で見る滿州』, 小學館,
2002, 24쪽. 이노우에 히사시(井上ひさし)와 다롄의 관계에 대해서는 후술.

인 건축가들이 바다를 건너 '국제도시' 건설에 참여한 것도 그러한 상황 하에서였다.[2] 일본통치 시대는 1945년에 이르기까지 계속되는데, 패전 직후 이 '문화적 근대도시'에서 출발하는 일본행 인양선을 타기 위해 '만주' 각지로부터 수많은 일본인이 모여들었다. 대전 이후 다롄에는 소련군이 일시적으로 진주했지만 새롭게 성립한 중화인민공화국에 회수되어 한동안 이름을 뤼다 시(旅大市)로 변경한 뒤 다시 뤼순, 다롄으로 분리되어 오늘날에 이르고 있다.

칭니와를 시작으로 달니, 다이렌을 거쳐 오늘날의 다롄에 이르기까지의 역사를 회고하면 다롄은 그 자체로서 20세기 제국주의의 대표적 유물임과 동시에 최근 100년간 동아시아 역사의 산 증인이라고 할 수 있을 것이다.[3] 명칭의 변천은 비단 도시 이름에 그치는 것이 아니라 시내 곳곳에 존재하는 역사적 건축물, 도로, 공원의 경우에서도 찾아볼 수 있다. 예를 들어 다롄 중심부에 위치하는 중산 광장(中山廣場)[4]은 파리의 에투알 광장(지금의 샤를 드골 광장)을 모델로 하여 러시아 통치 시대에 만들어진 니콜라예프스카야 광장[5] 그리고 일본통치 시대의 오히로바(大廣場)를 거쳐 오늘에 이른 것이다. 중산 광장을 에워싸고 있는 근대적 식민지 건축물들 또한 마찬가지이다. 미국 르네상

---

2) 건축사학자 니시자와 야스히코(西澤泰彦)의 『海を渡った日本人建築家: 20世紀前半の中國東北地方における建築活動』, 彰國社, 1996은 중국 동북지방에 만들어진 일본의 건축물과 도시계획 등에 대해 전체적으로 조망한 작품이다. 이 외에도 저자에게는 『圖說「滿洲」都市物語』, 河出書房新社, 2006; 『日本植民地建築論』, 名古屋大學出版會, 2008과 같은 연구가 있다.

3) 니시자와 야스히코는 20세기에 들어 열강의 의해 조성된 식민지도시, 예를 들어 다롄이나 칭다오와 같은 도시를 '20세기 도시'라고 명명하고 있다. 『圖說 大連都市物語』, 河出書房新社, 1999, 16쪽.

4) 말할 필요도 없지만 쑨원(孫文)을 기념한 이름이다.

5) 이 이름은 당시 러시아 황제 니콜라이 2세와 관계되는 것이다.

오히로바

(출전: 『世界地理風俗大系 Ⅰ』, 新光社, 1930, 31쪽)

스식 건축물로서 당시 중국 동북지방 최고의 위용을 자랑하던 만철
경영의 호텔 다이렌 야마토호텔(大連ヤマトホテル)은 지금 다롄빈관
(大連賓館)으로, 요코하마 정금은행(橫浜正金銀行) 건물은 중국은행
다롄분국(中國銀行大連分局)으로 바뀌었다. 또 현재의 다롄자연박물
관은 처음에 달니 시청사로 만들어졌다가 그 뒤 만철 본사 건물과 야
마토호텔 별관으로 사용되던 건물이다. 야마가타도리(山縣通)[6]가 스
탈린루(斯大林路)가 되고, 오야마도리(大山通)[7]가 상하이루(上海路)

<hr />

[6]　일본 '육군의 아버지' 야마가타 아리토모(山縣有朋)를 기념한 이름이다.
[7]　청일, 러일전쟁을 지휘한 군인 오야마 이와오(大山巖)를 기념한 이름이다.

가 되고, 일본교(日本橋)가 승리교(勝利橋)가 되고, 야오이가이케 공
원(彌生ケ池公園)이 루쉰 공원(魯迅公園)이 된 것도 같은 사정이다.
일본통치 시대에는 있었지만 지금은 사라져 없어진 것으로는 중산 광
장 한가운데에 세워져 있던 관동도독부(關東都督府) 초대 도독 오시
마 요시마사(大島義昌)의 동상을 들 수 있을 정도이다.[8]

　이처럼 20세기 동아시아에 만들어진 식민지도시 다롄에는 근대 이
후 중국 사회가 걸어온 역사의 흔적이 시내 곳곳에 남아있다. 그러나
다음에 소개하는 한 일본인 작가의 회고담 속에는 다롄 사회와 중국
인들이 겪어야 했던 고난의 역사 과정이 고스란히 빠져있는 것을 확
인할 수 있다. 1916년 일본에서 태어나 아버지를 따라 건너간 다롄에
서 소녀 시절을 보낸 작가 마쓰바라 가즈에(松原一枝)는 자신의 유년
기를 회상한 작품『환상의 다롄(幻の大連)』에서 다롄 거리를 다음과
같이 묘사하고 있다.

　　시내 중앙에는 직경 700피트(약 200미터) 크기의 광장(오히로
　　바(大廣場)라고 불렀다)이 조성되어, 이 광장에서 방사선 모양으
　　로 10갈래의 큰 도로가 뻗어나갔다. 저녁 무렵이 되면 광장 중앙
　　을 둘러싸고 있는 가스등에 청백색 불이 밝혀져 신비한 분위기를
　　자아냈다. (중략) 주택은 돌로 만든 집도 있었지만 주로 기와집이
　　많았다. 건축 양식은 영국 풍으로 정원이 집 앞쪽에 있는 것이 아
　　니라 뒤편에 있었다. 적, 녹, 청, 회색의 기와로 쌓아올린 지붕은

---

8) 후술하는 다롄 출신 작가 기요오카 다카유키(淸岡卓行)는『アカシヤの大連』, 講
　談社, 1970;『大連小景集』, 講談社, 1983;『大連港で』, 福武書店, 1987 등에서 다롄
　의 명칭의 추이에 대해 상세히 고증하고 있다. 기요오카에 대해서는 이 장과 이
　책의 제4장 「현대 일본의 다롄 표상: 방법적 존재로서의 식민지도시」에서 다루
　고 있다.

집집마다 아름답게 색을 발하고 있었다. 도로는 어디나 아스팔트
로 포장되어 있었다. 아스팔트 도로를 보수할 때 나는 자극적인
콜타르 냄새를 맡으면 나는 지금도 다롄에 대한 향수가 되살아나
곤 한다.[9]

이 같은 아름다운 다롄 풍경 속에서는 제국주의 열강의 각축도, 중
국 사회의 고뇌도, 일본 지배의 역사도 찾을 수 없다. 오직 자신의 어
린 시절에 대한 강렬한 향수만이 있을 뿐이다. 사실 마쓰바라는 소학
교 수업 시간에 러일전쟁과 일본의 조차에 관한 교사의 설명을 들을
때까지 "다롄이 식민지라는 사실을 알지 못했고 식민지란 말도 처음
들었다"(25쪽)고 고백하고 있다. 물론 현재의 시점에서 이러한 어린
소녀의 무지에 대해 비판하는 것은 가혹한 일이겠지만, 문제는 그녀
가 왜 다롄에서 조선은행이 발행한 화폐가 사용되고 또 조선에서 생
산된 쌀이 소비되었는지, 그 이전에 일본인인 자신이 왜 이국땅에서
유년 시절을 보냈는지에 대해 그 후 성년이 되고서도 인식을 심화시
켜 나가지 않았다는 점일 것이다. 그리고 더욱 심각한 문제는 마쓰바
라의 회상에 보이는 중대한 결함, 즉 식민지적 현실과 유리된 환상의
도시(幻の大連)로서의 이미지가 근현대 일본의 다롄 표상에 유출한다
는 사실이다.

동서양이 어우러진 근대적 계획도시, 자유항 특유의 국제적 분위기
와 풍부한 물자, 아름다운 자연과 청명한 기후 등은 다롄 회상기에서
흔히 발견할 수 있는 상투적 묘사들이다. 이 장은 근현대 일본의 다롄
체험을 소재로 식민 지배의 기억과 표상의 문제에 관해 살펴보는 것

---

9) 松原一枝, 『幻の大連』, 新潮新書, 2008, 5쪽.

을 목적으로 한다. 이를 위해 여기서는 근대 일본 작가들이 남긴 다롄 방문기와 다롄을 무대로 한 문학 작품을 제국의식, 오리엔탈리즘, 내셔널리즘 등의 문제에 주목하면서 분석할 것이다. 그들은 다롄에서 무엇을 보고 또 무엇을 보지 못했는가. 다롄 경험은 그 뒤 그들의 작품세계에 어떻게 반영되었고 또 어떠한 변화를 가져왔는가. 식민지도시 다롄이 제기하는 이러한 문제들은 근현대 동아시아사회에서 다양한 문화 접촉 현상과 공생의 논리를 발견하는 데 있어 중요한 전제가 될 것이다.

2. 식민지도시 다롄

관동주를 조차한 러시아가 계획도시로 개발하기 이전의 다롄, 다시 말해 달니가 되기 이전의 칭니와가 한산한 어촌에 불과했다는 점에 대해서는 이미 언급했다. 그러나 다롄에서 얼마 떨어지지 않은 뤼순은 그 전략적 위치 때문에 이미 대포로 둘러싸인 군사도시가 되어 있었다. 청국의 북양대신(北洋大臣) 리훙장(李鴻章)이 웨이하이웨이와 뤼순을 북양함대의 거점으로 지목했기 때문이었다. 생각해보면 랴오둥 반도의 끝자락에 위치하여 발해와 황해를 제어할 수 있는 뤼순이 산둥 반도(山東半島)의 웨이하이웨이와 함께 북양함대 최대의 군사적 요충지가 되는 것은 당연한 일이었다.[10] 청일전쟁 시 해군 종군기자

---

[10] 니시자와 야스히코, 『圖說 大連都市物語』의 제1장 「旅順とダーリニー: 帝政ロシアの世界政策と都市文化」와 제2장 「日露戰爭」에는 다롄의 역사적 형성과 국제정치적 배경에 대한 상세한 서술이 있다.

로서 참전한 구니키다 돗포(國木田獨步)와 그가 동선한 군함 치요다 (千代田)가 다롄 만을 통과하여 뤼순을 향한 이유도 바로 그러한 군사적 거점을 확보하기 위해서였다.

구니키다의 청일전쟁 종군기는 "냉정한 관찰자"나 "보고자"의 입장이 아니라 동생 슈지(收二)에게 보내는 편지의 형태를 취함으로써 독자들에게 전장의 현실뿐만 아니라 중국 사회와 자연에 이르기까지 다양한 주제를 "자유롭게" 전달할 수 있었다.[11] 도쿠토미 소호(德富蘇峰)가 창간한 『국민신문(國民新聞)』에 반년에 걸쳐 연재된 구니키다의 통신은 독특한 서한 형태와 자유로운 묘사로 큰 반향을 불러일으켜 구니키다는 일약 주목받는 문인이 되었다고 한다.[12] 그러나 그것은 나중의 일로, 여기서의 주제인 다롄 표상에 한정하여 볼 때 당시 한적한 어촌에 불과했던 칭니와는 군함 위에서 바라본 몇몇 중국 어민들과 고깃배를 제외하고는 특별히 흥미를 끌만한 지역이 아니었다.

1894년 10월 15일 히로시마 우지나(宇品) 항을 출발한 군함 치요다는 사세보(佐世保)와 대동강을 거쳐 같은 달 25일에 랴오둥 반도 화위안커우(花園口)에 상륙했다. 이후 다롄을 점령한 일본 해군은 11월 초가 되어 다롄 만 전역을 장악했다. 이 짧은 기간 동안 구니키다가 목격한 것은 청국 북양함대의 무력함과 국가의 전쟁에 아랑곳하지 않고 생업에 종사하는 "小民"으로서의 중국 민중의 모습이었다. 특히 다롄 만 점령 시 주위에 있던 허상다오(和尙島) 포대가 이렇다 할 저항도

---

11) 十川信介, 『近代日本文學案內』, 岩波文庫別冊 19, 2008, 305~306쪽. 구니키다의 종군기는 그가 사망한 뒤 1908년에 『愛弟通信』으로 간행되었다.

12) 구니키다의 종군에 대해서는 芦谷信和, 「國木田獨步の見た中國」, 芦谷信和 · 上田博 · 木村一信 편, 『作家のアジア體驗: 近代日本文學の陰畵』, 世界思想社, 1992에 상세한 서술이 있다. 이하의 인용은 주로 동 연구에서 재인용.

없이 항복한 사실은 북양함대의 나약함을 상징하는 사건이었다. 구니
키다는 "이렇게 훌륭한 포대를 한발도 쏘지 않고 적에게 내주다니 얼
빠진 지나병(支那兵)이란 생각이 들어 비록 적이지만 눈물이 날 지경
이다"[13]라는 감상을 흘리고 있다. 또 구니키다는 국가의 전쟁과는 상
관없이 고깃배를 저어 함대 근처로 와서는 일본군이 던져주는 빈병이
나 먹을 것을 받아가는 어민들의 모습을 연민과 경멸이 교차하는 마
음으로 지켜보았다. 이러한 그의 시선에는 문명과 야만의 이분법에
입각한 근대적 세계관, 국권 확장을 기대하는 내셔널리즘 등의 문제
가 내재되어 있었지만, 이를 논하기에는 구니키다의 체험은 너무나
단기간이고 또 제한적인 것이었다. 따라서 이하에서는 비교적 장기간
에 걸쳐 다롄을 관찰한 기록을 대상으로 근대 일본의 다롄 표상에 대
해 생각해 보도록 하자.

　나쓰메 소세키(夏目漱石)의 다롄 방문은 그의 문학적 명성에 걸맞
게 만철 총재 나카무라 요시코토(中村是公)[14]의 초대로 이루어졌다.
1909년 9월 2일 도쿄(東京)를 출발한 소세키는 오사카(大阪)에서 기선
데쓰레이마루(鐵嶺丸)를 타고 다롄으로 향했다. 9월 6일 다롄에 도착
한 소세키는 그 뒤 약 한 달 반에 걸쳐 펑톈(奉天), 창춘(長春), 하얼
빈, 평양, 서울 등지를 여행한 뒤 시모노세키(下關)를 통해 같은 해 10
월 17일 도쿄로 되돌아왔다.[15] 귀국 후 소세키는 『아사히신문(朝日新

---

13) 芦谷信和, 「國木田獨步の見た中國」, 32~33쪽.
14) 고토 신페이(後藤新平)에 이어 제2대 만철 총재에 취임한 나카무라는 소세키의
　　옛 학우이자 친구였다. 소세키는 그를 '제코'(是公의 음독)라고 부르고 있는데, 이
　　런 호칭 속에는 애정과 친밀감이 포함되어 있다.
15) 당시 소세키가 탄 배는 오사카 상선(大阪商船)이 운항하는 기선이었다. 오사카
　　상선은 일본에서 처음으로 이 항로를 개설한 회사였다. 오사카나 고베(神戶)를
　　출발하여 우지나, 모지(門司) 등을 경유하는 다롄 행 기선은 1920년대 중반에 이

聞)』에 여행기를 연재했는데 그것이 『만한 이곳저곳(滿韓ところどこ ろ)』16)이다. 이 작품에는 중국 사회와 중국인에 대한 노골적이고 차 별적인 표현이 난무하고 있었다. 아래는 다롄의 첫인상을 묘사하는 장면이다.

> 해안 위로 많은 사람들이 서 있었다. 그들은 대부분 지나(支 那)의 쿨리들로, 하나하나 살펴보아도 더럽지만 둘이 모이면 더 더럽게 보였다. 이처럼 한꺼번에 많이 모여 있으니 더욱 꼴사납 다. 나는 갑판에 서서 무리를 내려다보며 '쳇 이상한 곳에 오고 말았어.'라고 마음속으로 생각했다.(160쪽)

소세키의 방문은 시종일관 이러한 태도의 연속이었다. "창(チャン)"17) 과 같은 차별적인 표현은 물론, "무신경"(244쪽)하고 "더러운"(260쪽) 중국인에 대한 노골적인 적대감을 아무런 여과 없이 드러내고 있었 다. 그런 한편 그가 머문 곳은 야마토호텔이나 랴오둥호텔18)과 같은

르면 다른 회사도 경쟁에 뛰어들어 하루에 한 편 이상이 출항하게 되었다. 이 같 은 현상의 원인으로 당시 제1차 세계대전 후의 호경기를 반영한 투어리즘 (Tourism)의 융성을 들 수 있다. 참고로 1909년 당시 오사카에서 다롄까지의 소요 시간은 약 71시간, 운임은 1등석 42엔, 2등석 24엔, 3등석 12엔이었다고 한다.

16) '만주와 한국 이곳저곳'이라는 의미. 이 작품은 『漱石全集 第八卷: 小品集』, 岩波 書店, 1966에 수록되어 있다. 여기서의 인용은 동 전집에 의한다.

17) 중국인을 부르는 멸칭. '창창', '창콜로'라고 부르기도 했다. 소세키는 러시아인에 대해서도 '로스케(露助)'란 멸칭을 사용하고 있다(161쪽).

18) 다롄 시나노초(信濃町, 현재의 長江路)에 있었던 고급 여관. 이토 히로부미(伊藤 博文)가 머문 적도 있었다고 한다. 原武哲, 「夏目漱石「滿韓ところどころ」: 新注 釋 舊滿洲の今昔寫眞を添えて」, 『文學批評 敍說Ⅱ-10: 特集 中國觀』, 花書院, 2006는 당시 소세키가 방문한 시설물들에 대한 상세한 고증과 사진 자료를 제시 하고 있다. 이하, 다롄의 건축물이나 시설물에 대한 설명은 동 연구에 의거한 것 이다.

최고급 숙소였고, 그가 방문한 곳은 만철 본사, 가와사키조선소(川崎造船所) 다롄출장소, 다롄의원(大連醫院)19) 등과 같은 일본의 제국주의적 달성을 기념하는 시설물들이었다. 한마디로 이야기해서 소세키의 사고는 대일본제국이 건설한 제국의 건축물 안에서 한 발짝도 나가지 않은 채 단지 인력거나 마차를 타고 거리의 풍경으로서 다롄을 지나쳤을 뿐이었다.20)

그렇다고 소세키가 일본의 대륙진출을 선동하는 제국주의적 이데올로그였다고 이야기하는 것은 결코 아니다. 오히려 그는 애초부터 그러한 일 따위에 관심이 없었다고 하는 편이 실상에 가까울 것이다. 예를 들어 소세키는 중국 동북지방을 방문하기까지 만철이라는 회사가 "도대체 무엇을 하는"(153쪽) 회사인지 정확히 알지 못했을 정도였다. 전기공원(電氣公園)21)을 찾았을 때도, 뤼순의 러일전쟁 전적지를 방문했을 때도, 또 스케이트장과 테니스 코트가 있는 기타 공원(北公園)에 갔을 때도 그는 이렇다 할 반향을 보이지 않았다. 소세키는 그러한 일본의 제국주의적 진출의 결과물보다는 울퉁불퉁한 도로, 조선

19) 만철이 경영하는 당시 동양 최대의 병원.
20) 『滿韓ところどころ』에 관해서는 많은 연구가 존재한다. 대표적인 것으로 소세키의 아시아사회에 대한 차별을 강하게 비판하는 金靜美, 『中國東北部における抗日朝鮮·中國民衆史序說』, 現代企劃室, 1992; 소세키의 "이중적 시선"을 강조하는 武田悠一, 「まなざしの帝國主義: ロンドンの漱石/漱石の滿州」, 佐々木英和 편, 『異文化への視線: 新しい比較文學のために』, 名古屋大學出版會, 1996; 소세키에게 보이는 오리엔탈리즘의 문제를 통해 근대 일본을 재고하는 友田悅生, 「夏目漱石と中國·朝鮮:「滿韓ところどころ」の問題」, 芦谷信和·上田博·木村一信 편, 『作家のアジア體驗: 近代日本文學の陰畵』 등이 있다.
21) 정확히는 전기유원(電氣遊園, 러일전쟁 시기의 외상 고무라 주타로(小村壽太郎)를 기념하여 고무라공원이라고도 불렀다). 만철이 중국인들에게 일본의 근대적 과학 기술력을 과시하기 위해 만든 공원. 시설 내부에는 영화관, 사격장, 볼링장, 동물원, 식물원 등이 있었고, 연중 아름다운 일루미네이션으로 불야성을 이루었다고 한다. 이 유원지는 많은 다롄 회상기에 등장하는 곳이기도 하다.

인 인력거꾼의 난폭한 운전, "기름때와 먼지로 뒤범벅이 된 변발(辮髮)"(256쪽) 등에 더욱 주의를 기울였다. 그리고 지병인 위염이 여행 중에도 계속되는 등, 소세키의 '만주' 방문은 결코 유쾌한 일정이 되지 못했다. 그가 다롄의 근대적 실험도시 계획에 이렇다 할 관심을 표명하지 않는 것은 그러한 개인적, 육체적 이유도 거들었을 것이다.

　그러나 여기서 문제시하고자 하는 것은 바로 그러한 소세키의 무관심한 태도이다. 다시 말해 서구사회를 바라볼 때의 긴장감과 대비되는 일종의 지적 태만을 소세키의 시선 속에서 발견할 수 있다는 점이다. 생각해 보면 다롄에 대한 소세키의 마음가짐 내지 시선은 아시아 사회를 바라보는 근대 일본의 전형적인 태도이기도 했다. 예를 들어 1921년 오사카마이니치 신문사(大阪每日新聞社) 해외시찰원 자격으로 중국을 방문한 아쿠타가와 류노스케(芥川龍之介)는 중국의 첫인상을 다음과 같이 서술했다.

　　부두를 벗어나자말자 수십 명이나 되는 차부(車屋)들이 갑자기 우리들을 에워쌌다. (중략) 원래 차부라는 말이 일본인에게 주는 이미지는 결코 지저분한 것이 아니다. 오히려 그것이 갖는 건강한 이미지는 어딘가 에도(江戶)의 분위기를 불러일으킬 정도이다. 그러나 지나의 차부는 불결 그 자체라고 해도 과장이 아닐 것이다. 그뿐 아니라 대충 살펴보아도 모두 수상스런 인상을 하고 있다.[22]

　소세키가 그랬듯이 아쿠타가와의 방문기도 상하이나 중국에 대한

---

[22]　芥川龍之介, 『支那遊記』, 改造社, 1925. 여기서의 인용은 『上海遊記 江南遊記』, 講談社學藝文庫, 2001, 12쪽.

다롄의 쿨리
(출전: 『世界地理風俗大系 Ⅰ』, 新光社, 1930, 123쪽)

부정적인 시각으로 가득 차 있었다. 상하이에 도착하자마자 아쿠타가
와가 느낀 첫인상은 "불결" 그 자체였고, 그러한 그의 입에서 튀어나
온 최초의 중국어는 차부를 뿌리치며 하는 말 "부야오(不要)"(17쪽)였
다. 아쿠타가와의 상하이 방문은 시종 이러한 태도의 연속이었다. 상
하이의 근대를 천박하고 타락한 근대("下品な西洋")로 인식하는 아쿠
타가와의 상하이 방문기에는 시문(詩文)에서나 볼 수 있는 고전 중국
의 종언과 현대 중국의 혼돈에 대한 실망감이 여과되지 않은 채 드러
나 있었다.

소세키도 아쿠타가와도 서구의 근대적 학문은 물론 중국 고전이나 한학적 교양에 있어서도 당대 일본을 대표하는 지식인들이었다. 기왕의 연구가 지적하는 바와 같이 메이지유신 바로 전년(1867년)에 태어난 소세키는 한적(漢籍)을 교양으로 하고 한학과 한문학을 가치로 삼는 그러한 세계에서 성장했다. 말하자면 소세키의 '문학'은 한문학적 교양과 신학문(영문학) 사이의 긴장, 교착 속에서 탄생한 것이었다.[23] 한편 아쿠타가와는 그의 중국방문기 연재를 예고하는 신문 광고의 문구를 빌리자면 "현대 문단의 제1인자, 신흥 문예의 대표적 작가임과 동시에 지나 취미 애호자로도 세간에 알려져"[24] 있었다.

그러나 그들의 관심은 오직 당시(唐詩)나 『수호전』과 같은 고전 중국에만 집중되어 있었다. 중국의 식민지적 현실과 혼란에 대해 그들은 침묵을 지키거나 무관심으로 일관했지만 아쿠타가와의 상하이도 소세키의 다롄도, 그곳에는 지배자로서 군림하는 일본의 모습이 있었다. 하지만 아쿠타가와와 소세키는 그러한 불편한 진실을 직시하지 않은 채 상하이와 다롄을 그냥 지나칠 뿐이었다. 『만한 이곳저곳』은 근대 일본 최고의 지식인 가운데 한 사람이라는 소세키의 명성과는 동떨어진, 아시아사회에 대한 지적 태만의 결과물에 지나지 않았다.[25]

23) 武田悠一, 「まなざしの帝國主義: ロンドンの漱石/漱石の滿州」, 226쪽.
24) 講談社學藝文庫 판, 『上海遊記 江南遊記』에 수록된 伊藤桂一의 해설 「芥川龍之介の紀行文」, 209쪽에서 재인용.
25) 동 작품에는 서명과는 달리 조선에 대한 기술이 전혀 없다. 단지 말미에 "섣달그믐이 되었다. 2년에 걸치는 것도 이상하니 일단 그만 둔다"(270쪽)라는 기술이 있을 뿐이다.

3. 나카지마 아쓰시(中島敦)의 다롄

일본이 건설한 제국의 시설물을 맴돌면서 몇몇 일본 지인들과의 만남으로 일관한 소세키의 방문이 다롄의 중국인 사회를 불결하고 기형적인 것으로 묘사한 데에 비해, 나카지마 아쓰시가 그리는 다롄에는 지배와 피지배의 문제가 확연히 그 모습을 드러내고 있었다. 1929년의 작품 『D시 7월 서경 1(D市七月紋景(一))』[26]은 딸꾹질에 시달리는 만철 총재(M社總裁のY氏), 식민지에서 비로소 안정된 생활을 손에 넣은 만철 중견사원의 원인을 알 수 없는 불안감, 그리고 그와 대비되는 두 명의 중국인 쿨리의 체념적 평온을 그린 작품이었다.[27] 작품에서 나카지마는 만철 사원의 일상을 다음과 같이 묘사하고 있다.

> 목욕탕 밖에서는 아이들이 옆집 러시아 사람의 남자 아이와 함께 돌이라도 차면서 놀고 있는 듯 웃음소리가 들려왔다. 부엌에서는 집사람이 바쁘게 지나인(支那人) 보이와 함께 저녁 준비를 하느라 여념이 없었다. 그는 이런 저녁 무렵의 가정적인 소리들이 좋았다. 그는 목욕탕 안에서 물에 잠긴 채 한참 동안 바깥 소리에 귀를 기울였다.(360쪽)

15년 전 전차가 지날 때마다 흔들거리곤 하던 도쿄의 임대아파트

---

26) D市는 다롄 시를 의미. '(一)'에서 보다시피 동 작품은 연작으로 구상된 것이었지만 미완의 상태로 끝나고 말았다. 『中島敦全集 1』, ちくま文庫, 1993에 수록. 이하의 인용은 동 문고판 전집.

27) 이 같은 만철 총재, 만철 사원, 쿨리의 삼중 구조는 가와무라 미나토(川村湊)가 『異鄕の昭和文學: 「滿州」と近代日本』, 岩波新書, 1990에서 지적하는 것처럼 "도식적"(77쪽)인 감도 없지 않지만, 동 작품이 제1고등학교 시절 『校友會雜誌』(제325호)에 실린 젊은 날의 습작이었다는 점을 감안해야 할 것이다.

생활을 청산하고 부인과 어린 딸을 데리고 온 '만주'는 그에게 "예상한 것 이상으로 편안한 생활"과 "두 배에 가까운 수입"(360쪽)을 가져다주었다. 하지만 그렇게 해서 획득한 '만주'에서의 평화로운 일상은 옆집에 사는 러시아인과 가사를 도우는 중국인 보이로 인해 갑자기 불안한 것으로 변모하고 만다. 왜냐하면 그러한 사람들의 존재는 "극락"(361쪽)과 같은 '만주' 생활이 다롄의 식민지적 상황과 밀접하게 관련되어 있거나 혹은 식민지적 현실에 의해 유지되고 있다는 점을 상기시키고 있기 때문이다. 나카지마가 만철 중견사원의 일상을 통해 말하고 싶었던 것은 바로 이러한 점이었다. '만주'에서의 "행복한 생활이 정말 자신에게 어울리는 것인지를 의심"하고, 또 아이들이 더 성장하면 "일본으로 돌아가려고"(361쪽) 생각하는 만철 사원의 불안감은 수탈적 지배에 의해 유지되는 식민지적 정황에서 비롯하는 것이었다.

이 같은 중견사원의 불안은 막강한 권력을 행사하는 만철 총재의 경우도 마찬가지였다. 정치적 사건을 계기로 퇴진을 눈앞에 둔 Y氏는 아침부터 딸꾹질에 시달리고 있었다. 출사 후 일본의 대륙진출을 고무하는 내용의 퇴임연설문 초고를 검토하는 순간 그의 딸꾹질은 신기하게도 멈춘다. 하지만 모자도 쓰지 않은 채 낮잠을 자고 있는 "반나체의 쿨리"(353쪽)의 모습을 발견하자마자 총재의 딸꾹질은 다시 시작된다.

다롄의 식민지적 현실에 불안해하는 두 사람에 비해 중국인 쿨리들의 모습은 어떠한가. 배고픔을 견디다 못해 무전걸식을 일삼는 두 명의 쿨리는 그날도 식당 주인에 의해 내동댕이쳐졌다.

　　내팽개쳐진 두 사람은 내던져진 자세로 넘어진 채 꿈쩍도 하
지 않았다. 그들은 좋은 기분이었다. 얻어맞은 곳의 고통을 제외
하곤 모두가 만족한 느낌이었다. 배는 탱탱하게 불러 왔고 알코
올 기운도 적당히 전신을 맴돌고 있었다. 도대체 이 이상 무엇이
필요하단 말인가. (중략) 둘은 하얀 먼지와 얼굴에서 흐르는 피
냄새를 맡으며 아주 만족한 기분으로 서로 뒤엉킨 채 잠에 빠져
들었다.(372~373쪽)

　　다롄은 지배자로서 군림하면서도 중국의 저항에 대한 불안감을 결
코 떨쳐버릴 수 없는 일본인과 중국의 정치적 상황과 열악한 현실에
불만인 채 체념적인 일상을 보내고 있는 피지배자로서의 중국인이 공
존하는 공간이었다. 근대적 계획도시의 이면에는 또 하나의 실상이
존재하고 있었던 것이다. 『D시 7월 서경 1』은 아마 근대 일본에서 그
러한 다롄의 식민지적 풍경을 가장 극명하게 그려낸 작품이었다고 말
할 수 있을 것이다.[28]

　　나카지마의 식민주의, 더 나아가 근대문명 일반에 대한 비판적 인
식은 어린 시절 교사였던 아버지 나카지마 다비토(中島田人)를 따라
식민지도시(경성, 다롄)를 전전하며 형성된 것이었다. 예를 들어 식민
지 권력의 말단에 기생하며 민족의 현실에 절망하는 조선인 순사 조
교영(趙教英)의 눈을 통해 식민지의 암울한 풍경을 묘사한 『순사가 있는
풍경: 1923년의 스케치(巡査の居る風景: 一九二三年のスケッチ)』[29], 일

----

28) 『異郷の昭和文學: 「滿州」と近代日本』에서 가와무라 미나토는 나카지마의 동 작
　　품을 평가하여 "昭和의 문학을 이야기할 때 더욱 강조"(78쪽)될 필요가 있다고 말
　　했다.
29) 1929년 작품. 『中島敦全集 1』 수록. 부제에 있는 1923년은 관동대지진을 상징. 작
　　품 중에는 관동대지진 때 학살당한 남편을 기다리는 조선인 매춘부가 등장한다.

본인 어머니와 조선인 아버지 사이에서 태어나 정체성 위기에 시달리는 '조선인' 급우 조대환(趙大煥)의 성장을 그린 『호랑이 사냥(虎狩)』[30] 등은 나카지마의 용산소학교, 경성중학교 시절의 경험을 바탕으로 한 작품이었다.[31] 그의 '만주' 방문은 아버지가 관동청(關東廳)이 설립한 다롄 제2중학교로 옮겨가면서 이루어졌다.[32] 나카지마가 경성중학교를 졸업한 후 일본의 제1고등학교에 진학한 관계로 그의 중국 체류는 단기간에 그친 것이었지만, 그때의 '만주' 경험을 토대로 하여 구상된 것이 바로 앞서 분석한 『D시 7월 서경 1』과 『북방행(北方行)』[33]과 같은 작품들이었다.[34]

나카지마의 작품 속에 등장하는 인물은 주로 조선인이거나 중국인들이었다. 일본인이 등장할 경우도 중국인과 결혼한 일본인 여성(『북방행』의 白夫人), 혼혈아(『호랑이 사냥』의 趙大煥, 白夫人의 딸들), 대륙을 전전하는 낭인(浪人)형 인물(『북방행』의 折毛傳吉) 등, 경계적 인물들이 대부분이었다. 한 예로 白夫人의 둘째딸 英美는 중국인과

---

30) 1934년 작품. 『中島敦全集 1』 수록.

31) 그 외에 조선을 무대로 한 나카지마의 작품으로 미발표 유고, 『プウルの傍らで』, 『中島敦全集 3』, ちくま文庫, 1993가 있다.

32) 뤼순에는 숙부가 거주하고 있었다. 『ちくま日本文學: 中島敦』, 筑摩書房, 2008 수록의 '年譜' 참조(463~471쪽).

33) 미발표 유고, 『中島敦全集 3』 수록.

34) 한편 나카지마는 1941년 남양청(南洋廳) 국어편수 서기로 '남양군도'(미크로네시아 제도)에 부임한다. 그때의 경험을 토대로 하여 『南島譚』, 『環礁』(두 작품 모두 1942년 작품, 『中島敦全集 2』, ちくま文庫, 1993에 수록) 등을 발표했다. 작품 속에서는 문명사회의 불행과 원시사회의 건강함이 대비적으로 묘사되고 있는데, 이 또한 식민지주의 내지 근대문명의 폭력성을 고발하는 내용이었다. 나카지마의 남양 관계 소설에 관해서는 川村湊, 『南洋・樺太の日本文學』, 筑摩書房, 1994; 川村湊, 『「大東亞民俗學」の虛實』, 講談社選書メチエ, 1996 등이 예리한 분석을 하고 있다. 나카지마의 문학과 생애 전반에 관해서는 川村湊, 『狼疾正傳: 中島敦の文學と生涯』, 河出書房新社, 2009가 출중하다.

함께 교육을 받으며 궈모뤄(郭沫若)의 소설을 읽는 그러한 소녀였
다.35) 그녀는 자주 "도대체 자신은 지나어(支那語)로 사물을 생각하는
것일까 아니면 일본어로 생각하는 것일까"36)라는 의문을 품는다. 한
마디로 나카지마는 문화적 국경의 경계선상에서 일본과 세계를 사고
했던 것이다. 그가 "지나에 대해 가장 많은 야심을 갖고 있는 일본
인"37)의 존재와 다롄의 식민지적 상황을 발견할 수 있었던 것은 바로
그 때문이었다.38) 『D시 7월 서경 1』은 식민지도시에서 획득한 나카지
마의 경계적 사고와 자기정화 과정을 통해 탄생한 작품이었다.39)

4. 아카시아의 다롄

  1945년 일본의 패전을 계기로 다롄의 상황은 극적으로 변화했다.
쾌적한 주거 환경과 근대적 시설물로 가득 찬 "꿈의 도시(夢の都)"40)
다롄은 인양선을 타기위해 모여든 일본인들로 가득했다. 그때까지 지
배자로서 군림하던 제국의 신민들은 패전 국민으로 전락하여, 그들이
일본행 인양선을 탈 때 가져나갈 수 있는 것은 "현금: 한 명당 1,000엔,

---

35) 『北方行』, 169쪽.
36) 『北方行』, 181쪽.
37) 『北方行』, 144쪽.
38) 『ちくま日本文學: 中島敦』에 수록된 해설 池澤夏樹, 「知性と南風」은 나카지마
    아쓰시를 "일본인과 타자의 관계를 객관적으로 보는 시점을 획득한" 지식인으로
    자리매김하며 "국경을 넘어 하나의 지적 공화국에 속하는"(458~459쪽) 인물로 평
    가하고 있다.
39) 나카지마 아쓰시에 관해서는 이 책의 제5장 「근대 일본과 미크로네시아」에서도
    논하고 있다.
40) 『井上ひさしの大連: 寫眞と地圖で見る滿州』, 4쪽.

의복: 여름 겨울옷 각 한 벌, 식료품: 일주일 분량"[41])뿐이었다. 이는 타국을 침략하여 획득한 자산을 동결한다는 점에서 물론 개인차는 있다고 하더라도 당연한 처사였다고 할 것이다.

그래도 인양선에 탈 수 있었던 사람들은 운이 좋은 편이었다. 난민으로 남겨진 일본인들은 더욱 극적인 변화를 경험해야 했다. 1945년 8월 22일 소련군이 다롄에 진입하고 나서부터 다롄의 통치는 역전되었다. 이노우에 히사시에 따르면 그때까지 쿨리들의 일이었던 "도로청소, 하수도 청소, 비료 운반"[42]) 등의 일은 모두 일본인들의 몫이 되었다. 기여오카 다카유키는 무장한 소련군이 지나가는 인력거를 멈추게 한 뒤 일본인이 중국인 쿨리를 태워 그것을 끌게 하는 장면을 목격했다.[43] 이 같은 퍼포먼스는 일본인들로 하여금 국가의 패전을 실감케 하기에 충분했을 것이다.

다롄에 대한 기억은 그 후 전후 일본 사회에서 식민의 기억과 함께 급속하게 풍화되어 갔다. 생각할 수 있는 이유로 아시아에서의 냉전

41) 『井上ひさしの大連: 寫眞と地圖で見る滿州』, 4쪽.
42) 井上ひさし, 『円生と志ん生』, 集英社, 2005, 62~63쪽. 동 작품은 엔쇼(三遊亭円生)와 신쇼(古今亭志ん生)라는 두 명의 실존 落語家가 다롄에서 경험한 패전을 소재로 하여 창작된 시나리오이다. 두 사람은 다롄에 있던 대중극장 '羽衣座' 무대에 출현하고 있었을 무렵 패전을 맞이했다. 이노우에는 패전부터 1947년 봄 그들이 일본으로 귀국할 때까지의 상황을 상세한 고증과 함께 익살스럽게 그리고 있다. 한편 『井上ひさしの大連: 寫眞と地圖で見る滿州』에 따르면 이노우에는 어린 시절 다롄으로 간 친구로부터 화려하고 장엄한 건물 사진을 배경으로 한 그림엽서를 받고부터 "다롄 숭배자"(4쪽)가 되었다고 한다. 이노우에는 책에서 "우리들 일본인이 망각해서는 안 되는 과거의 잘못을 계속 기억하기 위해"(123쪽) 다롄 관련 자료를 수집하기 시작했다고 밝히고 있다. 『円生と志ん生』도 그러한 노력의 결과물로, 동 작품이 창작임에도 불구하고 여기서 '출전'으로 사용한 이유는 이노우에의 다롄 연구에 대한 신뢰감 때문이다. 참고로 『円生と志ん生』는 2005년 2월부터 3월에 걸쳐 新宿 紀伊國屋홀 등에서 상연되었다.
43) 淸岡卓行, 『大連港で』, 福武書店, 1987, 81~82쪽.

질서의 확립을 들 수 있다. 중국 대륙에 탄생한 사회주의국가와 미국
이 주도하는 동아시아 냉전정책은 일본인의 중국 체험을 국가적 책임
의 문제가 아닌 개인적 회상의 차원으로 왜소화했는데, 그 결과 역사
없는 개인적 중국회상기가 횡행하게 되었다.[44] 그러한 상황은 다롄을
상기할 경우도 마찬가지였다.

다롄의 기억이 풍화되어 간 또 하나의 이유로서 다롄 시의 '소멸'이
있다. 앞에서 언급한 바와 같이 다롄은 1951년 뤼순과 함께 뤼다 시로
되었다가, 다시 분리되어 1981년 다롄으로 재탄생했다. 그 사이 다롄
이란 도시명은 역사 속으로 사라져, 다롄의 기억도 아름다운 지난날
의 추억과 함께 개인적 차원에서 회상되거나 '만주' 침략사의 한 부분
으로 이야기되는 것이 일반적이었다.[45]

이러한 상황에서 1969년에 발표되어 제62회 아쿠타가와상을 수상하
게 되는 다롄 출신 작가 기요오카 다카유키의 『아카시아의 다롄(アカ
シヤの大連)』은 사람들의 기억 속에서 잊혀져가고 있던 다롄의 아련
한 추억을 인상적인 제목과 함께 결정적으로 되살리는 작품이 되었
다.[46] 이후 기요오카는 다롄에 관한 글쓰기가 마치 자신의 "운명"이라

---

44) 당시 사적인 중국 여행이 거의 불가능했다는 점도 하나의 원인으로 들 수 있을
   것이다.
45) 川村湊, 『異鄕の昭和文學: 「滿州」と近代日本』에 있는 「滿州文學關連年表」를 참
   조하여 패전 이후 공간된 '만주' 관련 작품의 제목을 살펴보면 다음과 같다. 石光
   眞淸, 『望鄕の歌』, 龍星閣, 1958; 北村謙次郎, 『北邊慕情記』, 大學書房, 1961; 星野
   直樹, 『見果てぬ夢: 滿州國外史』, ダイヤモンド社, 1963; 『昭和文學全集 1: 戰火
   滿州に擧がる』, 集英社, 1964. 이러한 작품들을 관통하는 주제는 한마디로 '망향
   과 전쟁'이라고 할 수 있다.
46) 1970년대에 들어 일본 사회에서는 식민지에서 생활했거나 태어난 사람들에 의한
   망향의 글이 이곳저곳에서 출현하기 시작했다. 그러한 현상의 원인으로, 패전 이
   후 일정한 물리적 시간의 경과, 전후 일본 사회의 경제적 안정, 그리고 당사자들
   의 육체적 연령 등을 들 수 있을 것이다. 동향회, 동창회 등이 조직되는 것도 같

도 되듯47) 다롄 관련 작품을 지속적으로 발표했다.48) 그는 자신의 창
작 동기를 다음과 밝히고 있다.

　　여기서 잊어서는 안 되는 것은, 다롄의 특수한 역사의 무대가
된 혹은 그 역사를 초월하는 것으로, 역사와는 별개의 아름다운
자연이 있다는 사실입니다. 나의 경우 역사보다도 오히려 이 자
연이야말로 몸과 마음에 깊은 영향을 주고 있지 않을까 생각합니
다. 자연에 대한 그리움은 이해관계를 넘어 순수한 것에 다다를
수 있다고 생각됩니다. 태어난 고향의 자연에 대한 그리움이 저
의 내부에서 사라질 일은 없을 것입니다.49)

　1922년 다롄 출생, 1929년 다롄 아사히소학교(朝日小學校) 입학,
1935년 다롄 제1중학교 입학, 1940년 뤼순고등학교 입학 등의 경력에
서 보듯, 기요오카는 다롄에서 태어나 다롄에서 인격을 형성한 사람
이었다. 그가『아카시아의 다롄』에서 고백하고 있는 것처럼 징병검사
를 받기 위해 찾은 부모의 고향 고치(高知)를 "자신의 고향으로 생각
하는 실감이 아무리해도 생겨나지 않는"(113쪽)50) 것은 어쩌면 당연한
일이었다. 오히려 "이 마을(다롄: 인용자)이야말로 자신의 진정한 고

은 즈음의 일이었다.
47)『大連港で』에서 기요오카는 다롄에 관한 글쓰기가 "앞으로도 피할 수 없는 나의
　　운명과 같은 일인지도 모릅니다."(333쪽)라고 말했다.
48)『フルートとオーボエ』, 講談社, 1971;『鯨もいる秋の空』, 講談社, 1972;『大連小
　　景集』, 講談社, 1983;『大連港で』등이 그것들이다.
49)『アカシヤの大連』, 講談社文藝文庫, 1988에 수록된「著者から讀者へ: 制作のモ
　　チーフ」(360쪽). 이 책은『アカシヤの大連』과『大連小景集』을 한데 모은 것이다.
　　이하의 인용은 이 책에 의함.
50) 참고로 기요오카의 아버지는 토목 관계 기술자로, 다롄 부두 축항공사, 日本橋
　　건설 등에 관계했던 인물이었다.

향이라고, 사고를 통해서가 아니라 육체를 통해서 절실히 느꼈다"(113
쪽)는 기요오카의 말은 솔직한 심경의 토로였을 것이다. 『아카시아의
다롄』은 다음과 같은 문장으로 시작된다.

> 일찍이 일본의 식민지 중에서 아마 가장 아름다운 도시였음에
> 틀림없는 다롄을 다시 한 번 보고 싶은가 라고 묻는다면 그는 오
> 랫동안 주저한 끝에 고개를 가로로 저을 것이다. 보고 싶지 않은
> 것이 아니다. 보는 것이 불안한 것이다. 만약 다시금 그 그리운
> 거리에 서게 되면 그저 허둥댈 뿐 제대로 걷지도 못하는 것은 아
> 닐까하고 남몰래 자신을 두려워하는 것이다.(71쪽)

가와무라 미나토(川村湊)는 이 부분을 인용한 뒤 "이 소설은 '다롄'
이란 마을을 마치 한 명의 여성과 같이 사랑한 일종의 '연애소설'"[51]이
라고 평한 바 있다. 이 같은 가와무라의 평가는 기요오카가 묘사하는
다롄 속에는 자신의 어린 시절에 대한 향수만이 존재할 뿐 식민지도
시 다롄에 있어서의 지배와 피지배의 문제가 보이지 않는 점을 비판
한 것이었다. 기요오카는 다롄의 중국인들이 보이는 "자신들에 대한
차가운 무관심"[52]과 그곳이 "조국의 토지의 일부가 아니라는 사실"을
"자신의 불행"[53]으로 여기고 있었다. 하지만 그러한 다롄의 정치적 환
경은 랭보와 보들레르에 심취한 문학 소년이 볼 때 너무나도 세속적
이고 또 자신의 힘으로는 어쩔 수 없는 문제였을지도 모른다.[54] 그보

---

51) 『異鄕の昭和文學: 「滿州」と近代日本』, 80쪽.
52) 『大連港で』, 48쪽.
53) 『大連港で』, 156쪽.
54) 기요오카는 『偶然のめぐみ』, 日本經濟新聞出版社, 2007, 37쪽, 43쪽; 『大連港で』,
306~307쪽 등에서 젊은 시절 영향을 받은 인물로 하기와라 사쿠타로(萩原朔太

다도 그는 다롄의 아름다운 자연과 국제적인 분위기가 좋았다. 다롄에는 "근대적 시민생활의 꿈을 상징하는"[55] 야구가 있었고, 도시의 국제성을 상징하는 아카시아나무가 있었다. 기요오카는 그러한 아름다운 고향 다롄을 파괴하는 국가의 전쟁을 혐오했다. 아래 문장은 그가 전쟁 중에 느꼈던 반군국주의적 심정을 회상한 부분이다.

> 당시는 의식하지 않았지만 나는 마음속으로 다롄이라는 근대화 실험 도시에서, 비록 그것이 침략이 전제된 도화(徒花)였다고 할지라도, 그곳에 나름 포함되어 있을 평화와 건설에의 의지, 그리고 국제적 우호라는 선의에 가담하여, 15년 전쟁(아시아태평양전쟁: 인용자)이 시작되고서도 이미 수년이 지난 군국주의에 대해 반발한 것이라고 상상한다.[56]

이 같은 회상에는 몇 가지 중요한 전제가 생략되어 있다. 아니 망각되어 있다. 먼저 "국제적 우호"라는 부분이다. 기요오카가 말하는 것처럼 다롄은 "일본의 근대화 실험도시이자 특수한 〈入歐〉가 행해진"[57] 곳이었다. 그러나 영국, 프랑스, 러시아 등이 관여한 이 특수한 "입구" 과정이야말로 다롄의 제국주의화 과정에 다름 아니었다. 그리고 기요오카가 중국인 마을의 공중변소에서 본 "타도 일본"[58]이라는 낙서는 바로 그러한 "입구"에 대한 중국인의 의사 표시였던 것이다.

郎), 모리 오가이(森鷗外), 두보(杜甫), 토마스 만, 쇼펜하우어, 랭보, 보들레르 등을 들고 있다.
55) 『偶然のめぐみ』, 24쪽.
56) 『偶然のめぐみ』, 31쪽.
57) 『偶然のめぐみ』, 100쪽.
58) 『アカシヤの大連』, 110쪽.

적어도 이 부분에 대한 상상력에서 기요오카의 다롄은 나카지마의 다
롄과 크게 달랐다.

또 하나, 반군국주의적 심정에 관해서이다. 그의 다롄 회상에는 국
가의 전쟁에 대한 거부감이 자주 나타나 있다. 교련과 검도를 싫어하
고 문학과 야구에 심취한[59] 기요오카는 패전을 알리는 8월 15일의 라
디오방송을 듣고서도 "밝은 세계"[60]의 도래를 예감하는 청년이었다.
그가 유일하게 "부끄럽고 양심의 가책을 느끼는"[61] 것은 조국과 학도
출진 청년들에 대한 죄의식이었다. 그러나 다롄에서 군국주의 일본과
조국 일본은 서로 별개가 아니었다. 양자의 구분은 일본 국내적 상황
에 있어서는 중요한 일인지는 모르나 중국인의 입장에서 볼 때 그것
은 어쨌건 상관없는 일이었다. 만약 그러한 구분의 중요성을 중국인
에게 강제한다면 그것 또한 하나의 폭력이라고 할 수 있을 것이다.

그리고 그보다 더 중요한 점은 기요오카의 죄의식이 중국인에게까
지 미치지 못했다는 사실이다. 다시 말해 "우리들이 이 다롄에, 이 만
주에 있다는 사실 그것만으로도 이미 (중국 사람들에게: 인용자) 무언
가를 하고만 것이나 마찬가지이다"[62]라는 인식이 그에게는 결정적으
로 부족했다는 점이다. 기요오카의 반군국주의적 심정이 일방통행적
내지 반쪽짜리 반전의식으로 전락하는 이유는 바로 그 때문이었다.[63]

---

59) 『大連港で』, 300쪽.
60) 『アカシヤの大連』, 147쪽.
61) 『アカシヤの大連』, 147쪽.
62) 『円生と志ん生』, 76쪽.
63) 기요오카와 대비되는 다롄 출신 지식인으로 센다 가코(千田夏光)를 들 수 있다.
센다는 아카시야 꽃이 필 무렵의 다롄의 아름다움을 회상하면서도 그것이 어디
까지나 일본인 주택가나 일본인 학교 근처뿐이었다는 사실을 강조했다. 그는 다
롄 시절을 회고한 『植民地少年ノート』, 日中出版, 1980 안에서 중국인에 대한 일

5. 맺음말

유럽의 거리를 연상하게 하는 아카시아나무, 시속 120킬로미터로
질주하는 특급 아시아호(特急あじあ號), 아름다운 해안과 밤하늘의
별을 감상할 수 있는 호시가우라(星ヶ浦) 해수욕장. 식민지도시 다롄
은 국제성과 근대성과 아름다운 자연을 겸비한 곳이었다. 다롄 출생
작가 기요오카 다카유키는 비록 한낱 "徒花"에 지나지 않았다 할지라
도 그런 다롄을 사랑했다.

『아카시아의 다롄』에는 다음과 같은 일화가 나온다. 중학교 3학년
박물 수업시간에 기요오카는 다롄의 아카시아는 속칭으로, 정확한 식
물명이 "가짜 아카시아"[64]라는 사실을 알게 된다. 다롄에는 진짜 아카
시아나무가 두 그루 정도 있다는 말을 듣고 그는 그날 하교 시 진짜
아카시아가 심겨져 있는 곳을 찾는다.

> 그러나 그는 두 그루의 진짜 아카시아나무를 본 순간 안심했
> 다. 왜냐하면 가짜 아카시아나무가 훨씬 아름답다고 생각했기 때
> 문이다.(115쪽)

기요오카는 이 에피소드를 "'가짜'라는 말이 부당하게도 한 생명의

상적인 차별이 엄연히 존재했다는 사실을 환기시키며 동향의 선배인 기요오카의
다롄 표상을 "낭만적"(19쪽)이라고 비판했다. 센다의 "식민지소년"이라는 자기규
정은 기요오카가 지나쳐버린 식민지도시로서의 다롄에 집착한 결과 도달한 정체
성이었다. 식민지에서의 성장기를 "인생의 원점"(9쪽)으로 설정하는 그는 일본
사회에서 더 이상 자신과 같은 "슬픈 존재"(210쪽)가 생겨나지 않도록 '종군위안
부', 일본군의 아편 정책 등의 문제에 대해 천착해갔다. 센다 가코에 관해서는 이
책의 제4장 「현대 일본의 다롄 표상: 방법적 존재로서의 식민지도시」를 참조.

64) 영어로는 False Acacia이다.

자연적인 아름다움 앞에 붙여진 것에 대한 일종의 의분(義憤)"(116쪽)
과 함께 상기하곤 했다고 적고 있다. 실은 이 작은 일화는 기요오카의
자기정체성과 관련된 중요한 이야기이기도 하다. 비록 "가짜"이지만
진짜보다 아름다운 다롄의 아카시아나무는 비록 타인의 땅이지만 일
생토록 사랑한 기요오카의 다롄을 상징하고 있었다. 아름다운 생명
앞에 붙여진 가짜라는 수식어에 대한 "의분"은 식민자의 아들로 태어
나 이국땅을 고향으로 하는 기요오카 자신의 "불행"과 연쇄하고 있었
던 것이다.

　그러나 기요오카의 그리움은 오직 자신의 어린 시절과 다롄의 자연
을 향하고 있을 뿐이었다. 국제성의 이면에 존재하는 제국주의의 역
사나 열강의 압력 하에서 신음하는 중국 사회의 현실은 "역사적이고
중층적인 관찰"의 대상이기는 했지만 결코 "나와 다롄과의 운명감(運
命感)"[65]을 설명해주지 못하는 것이었다. 어린 시절 중국인 거주지 스
얼거우(寺兒溝)의 "참담한 모습"[66]이나 공중변소의 낙서를 보고 충격
을 받은 것은 사실이지만 기요오카는 그러한 제국주의적 역사의 무대
로서의 다롄보다는 역사를 초월하는, 역사와는 별개의, 아름다운 자
연으로서의 다롄에 의거하며 작품 활동을 전개했다.

　이 같은 기요오카의 향수는 같은 식민자의 자식으로 이국땅에서 태
어나 그런 자신의 출자를 출발점으로 하여 사상 활동을 영위한 모리
사키 가즈에(森崎和江)의 경우와 많은 대조를 보이고 있었다.[67] 1927

---

[65] 『偶然のめぐみ』, 100~101쪽.
[66] 『アカシヤの大連』, 110쪽.
[67] 모리사키 가즈에에 관해서는 이 책의 제6장 「재조일본인 2세의 식민지 경험: 식
　　민 2세 출신 작가를 중심으로」를 참조.

년생인 모리사키는 경상북도 대구부(大邱府) 미카사초(三笠町)에서 태어난 "자신의 출생" 그 자체를 "죄"[68]로 생각하며 식민지 이후를 살아간 인물이었다. 그녀는 자신을 향해 다음과 같이 물었다.

> 나는 조선에서 일본인이었다. 내지인(內地人)이라고 불리는 부류였다. 그러나 나는 내지를 모르는 내지인이다. 내지인이 식민지에서 낳은 여자 아이다. 그런 나는 무엇으로 자랐는가, 나는 무엇이 되었는가. 나는 식민지에서 무엇이었는가. 또 패전 후 모국이라는 곳에서 나는 무엇이었는가.[69]

식민지와 여성과 국가를 묻는 이 물음에 대한 답을 구하기 위해 모리사키는 조선과 일본과 세계를 사고했다. 모리사키는 자신을 키워준 조선의 '어머니'(オモニ)[70]들을 회상하며 이렇게 말한다.

> 어머니(オモニ)는 어머니라는 말이다. 어머니의 생활도 모르고 어머니의 말도 모르지만 그 향기를 알고 촉감을 알았다. (중략) 군고구마도 사주었고 잠도 재워주었다. 옛날이야기도 해주었다. 나의 기본적인 미감(美感)을 나는 어머니와 여러 이름 없는 사람들로부터 얻었다. 아무 말 없이 해준 것이 아니다. 의식하면서 식민 2세를 키운 것이다. 이제야 겨우 그것을 안다.[71]

68) 森崎和江, 『ははのくにとの幻想婚』, 現代思潮社, 1970, 178쪽.
69) 森崎和江, 『慶州は母の呼び聲: わが原郷』, 新潮社, 1984, 7~8쪽.
70) 많은 식민 2세들은 '어머니'라는 말을 기억하고 있는데, 그것은 주로 유모나 가정부를 의미하는 경우가 대부분이다.
71) 森崎和江, 『慶州は母の呼び聲: わが原郷』, 9쪽.

　패전 이후 모리사키의 사상 활동은 조선의 유모들과 식민 2세로서의 자신의 출자를 기본 축으로 하며 전개되었다. '어머니'에 대한 그리움은 원향에 대한 향수이고, 그것은 식민 2세라는 자신의 출자와 불가분의 관계에 있었다. 바로 이 점이야말로 모리사키에겐 있고 기요오카에겐 없는 부분이다. 기요오카에게 다롄의 자연은 역사와는 "별개"의, 역사를 "초월"하는 향수의 대상이었다. 그에 비해 모리사키에게 대구와 경주와 김천은 식민 2세로서의 자신의 "원형"이 만들어진 곳임과 동시에 "조선의 풍물 습관, 조선의 자연" 그리고 "조선인의 생활"72) 이 있는 곳이었다. 향수의 대상이 곧 지배의 대상이었다는 역사적 사실을 모리사키는 직시하고 기요오카는 초월했던 것이다. 20세기의 식민지도시가 제기하는 이러한 문제는 아직도 식민지 이후의 시대를 살고 있는 우리들에게 여전히 현재적 과제로 남겨져 있다.

---

72) 森崎和江, 『慶州は母の呼び聲: わが原鄕』, 7쪽.

참고문헌

궈테좡·관졔·한줜잉 저, 신태갑 역, 『일본의 대련 식민통치 40년사』(전 3권), 선
    인, 2012.

권경선·구지영 편, 『다롄: 환황해권 해항도시 100여 년의 궤적』, 선인, 2016.

정근식·신혜선, 『다롄 연구: 초국적 이동과 지배, 교류의 유산을 찾아서』, 진인
    진, 2016.

박광현, 「나카지마 아쓰시 문학의 타자 체험」, 『동서비교문학저널』 13, 2005.

석정희, 「나쓰메 소세키(夏目漱石)의 의식 변화에 대한 연구: 『만한 이곳저곳(滿
    韓ところどころ)』을 중심으로」, 『만주연구』 14, 2012.

장남호, 「나쓰메 소세키(夏目漱石)의 아시아: 「만주·한국의 여기저기」를 중심으
    로」, 『일본어문학』 6, 1999.

최명숙, 「나쓰메 소세키와 異國/異國人: 「만주/조선의 이모저모」와 그 주변을 중
    심으로」, 『일본학보』 45, 2000.

芥川龍之介, 『上海遊記·江南遊記』, 講談社學藝文庫, 2001.

芦谷信和·上田博·木村一信 편, 『作家のアジア體驗: 近代日本文學の陰畵』, 世界
    思想社, 1992.

石光眞淸, 『望鄕の歌』, 龍星閣, 1958.

井上謙三郎, 『大連市史』, 大連市役所, 1936.

井上ひさし, 『井上ひさしの大連: 寫眞と地圖で見る滿州』, 小學館, 2002.

井上ひさし, 『円生と志ん生』, 集英社, 2005.

川村湊, 『異鄕の昭和文學: 滿州と近代日本』, 岩波新書, 1990.

川村湊, 『南洋·樺太の日本文學』, 筑摩書房, 1994.

川村湊, 『「大東亞民俗學」の虛實』, 講談社選書メチエ, 1996.

川村湊, 『狼疾正傳: 中島敦の文學と生涯』, 河出書房新社, 2009.

北村謙次郎, 『北邊慕情記』, 大學書房, 1961.

清岡卓行, 『フルートとオーボエ』, 講談社, 1971.

清岡卓行, 『鯨もいる秋の空』, 講談社, 1972.

清岡卓行, 『大連小景集』, 講談社, 1983.

清岡卓行, 『大連港で』, 福武書店, 1987.

清岡卓行, 『アカシヤの大連』, 講談社文藝文庫, 1988.

清岡卓行, 『偶然のめぐみ』, 日本經濟新聞出版社, 2007.

金靜美, 『中國東北部における抗日朝鮮・中國民衆史序說』, 現代企劃室, 1992.

『昭和文學全集 1: 戰火滿州に擧がる』, 集英社, 1964.

『世界地理風俗大系 Ⅰ』, 新光社, 1930.

千田夏光, 『植民地少年ノート』, 日中出版, 1980.

竹中憲一, 『大連歷史散步』, 皓星社, 2007.

『ちくま日本文學: 中島敦』, 筑摩書房, 2008.

十川信介, 『近代日本文學案內』, 岩波文庫別冊 19, 2008.

『中島敦全集 1』, ちくま文庫, 1993.

『中島敦全集 2』, ちくま文庫, 1993.

『中島敦全集 3』, ちくま文庫, 1993.

夏目漱石, 『漱石全集 第八卷: 小品集』, 岩波書店, 1966.

西澤泰彦, 『海を渡った日本人建築家: 20世紀前半の中國東北地方における建築活
　　　動』, 彰國社, 1996.

西澤泰彦, 『圖說 大連都市物語』, 河出書房新社, 1999.

西澤泰彦, 『圖說「滿洲」都市物語』, 河出書房新社, 2006.

西澤泰彦, 『日本植民地建築論』, 名古屋大學出版會, 2008.

星野直樹, 『見果てぬ夢: 滿州國外史』, ダイヤモンド社, 1963.

森崎和江, 『ははのくにとの幻想婚』, 現代思潮社, 1970.

森崎和江, 『慶州は母の呼び聲: わが原鄕』, 新潮社, 1984.

武田悠一, 「まなざしの帝國主義: ロンドンの漱石/漱石の滿州」, 佐々木英和 편,
　　　『異文化への視線: 新しい比較文學のために』, 名古屋大學出版會, 1996.

友田悅生, 「夏目漱石と中國・朝鮮:「滿韓ところどころ」の問題」, 芦谷信和 외 편,
　　　『作家のアジア體驗: 近代日本文學の陰畵』.

原武哲,「夏目漱石「滿韓ところどころ」: 新注釋 舊滿洲の今昔寫眞を添えて」,『文
　　學批評 敍說Ⅱ-10: 特集 中國觀』, 花書院, 2006.

제4장

현대 일본의 다롄 표상:
방법적 존재로서의 식민지도시

제 4 장 현대 일본의 다롄 표상:
방법적 존재로서의 식민지도시

1. 두 가지 다롄 표상

다롄 출신 식민 2세 작가 기요오카 다카유키(淸岡卓行)가 1969년에 발표한 작품 『아카시아의 다롄』은 다음과 같은 문장으로 시작하고 있다.

> 일찍이 일본의 식민지 중에서 아마 가장 아름다운 도시였음에 틀림없는 다롄을 다시 한 번 보고 싶은가 라고 묻는다면 그는 오랫동안 주저한 끝에 고개를 가로로 저을 것이다. 보고 싶지 않은 것이 아니다. 보는 것이 불안한 것이다. 만약 다시금 그 그리운 거리에 서게 되면 그저 허둥댈 뿐 제대로 걷지도 못하는 것은 아닐까하고 남몰래 자신을 두려워하는 것이다.[1]

가와무라 미나토(川村湊)는 기요오카의 이 같은 감상을 인용하며

[1] 『アカシヤの大連』, 講談社文藝文庫, 1988, 71쪽.

『아카시아의 다롄』은 "'다롄'이라는 마을을 마치 한 명의 여성처럼 사랑한 일종의 '연애소설'"[2]이라고 평한 바 있다. 가와무라가 이렇게 말하는 이유는 기요오카에게 다롄은 "현실 세계라기보다 관념 속에 있는 고향"에 지나지 않는 것으로, 그것은 결국 "허구와 추억"(91쪽) 속에서만 존재한다는 사실을 지적하기 위해서였다.

비현실적이고 관념적이라고 할지라도 다롄에서 태어나 다롄에서 인격을 형성한 기요오카에게, 다롄은 아름다운 자연과 국제적인 분위기가 존재하는 곳이었다. 다롄에는 "근대적 시민생활의 꿈을 상징하는"[3] 야구라는 스포츠가 있었고[4], 도시의 국제성을 상징하는 아카시아나무가 심겨져 있었다. 기요오카는 비록 타인의 땅이지만 그러한 '고향' 다롄을 평생토록 사랑한 인물이었다.[5]

기요오카가 근대적 국제도시 다롄을 그리워했다면 같은 다롄 출신 작가 센다 가코(千田夏光)는 식민지도시로서의 다롄에 집착한 인물이었다. 센다는 자신의 어린 시절을 회고한 작품『식민지소년 노트(植民地少年ノート)』[6] 안에서 아카시아 꽃이 필 무렵의 다롄의 아름다움을 그리워하면서도 그것이 "일본인 주택가나 일본인 학교 근처뿐이었다"(170쪽)는 사실을 강조했다. 그는 다음과 같은 체험을 고백하고 있다.

2) 川村湊,『異鄕の昭和文學:「滿州」と近代日本』, 岩波新書, 80쪽.
3) 清岡卓行,『偶然のめぐみ』, 日本經濟新聞出版社, 2007, 24쪽.
4) 야구소년이었던 기요오카는 후일 일본야구연맹에 취직하여 센트럴리그의 일정 편성 업무를 담당하게 된다.
5) 기요오카 다카유키와 다롄의 관계에 대해서는 이 책의 제3장「지배와 향수: 근현대 일본의 다롄 표상」를 참조.
6) 千田夏光,『植民地少年ノート』, 日中出版, 1980.

> 나의 과거 체험 가운데 지금도 가시처럼 몸에 박혀 있는 것 중
> 하나는 오미쓰동(おミッどん)이라는 이름의 일본인 하녀가 테이
> 블 위에서 식사를 하고, 중국인 하녀가 밥공기와 접시를 마룻바
> 닥에 늘어놓고 먹고 있는 광경이다. 그것은 우리 집 부엌에서의
> 일이었다.(152쪽)

1924년 다롄에서 태어나 "일본인들만이 모여 사는 일본인 마을에서
성장"(14쪽)한 센다는 일상생활에서 중국인에 대한 차별이 엄연히 존
재했다는 사실을 "전쟁이 끝난 지 34년이 지난 오늘날에도 기회 있을
때마다 회상"(9쪽)하곤 하는 사람이었다. 이런 그가 동향 선배인 기요
오카 다카유키의 다롄 표상을 "낭만적"(19쪽)이라고 비판하는 것은 당
연한 일이었다. 후일 '종군위안부'의 존재를 일본 사회에 알린 논픽션
작가 센다 가코의 사상 활동은 식민지도시 다롄에서의 어릴 적 체험
에서 비롯하는 것이었다.[7]

오늘날 일본에서는 다롄에 대한 두 가지 표상, 즉 근대도시와 식민
지도시로서의 다롄 표상이 공존하고 있다. 교차하는 다롄 이미지는
각각 20세기에 들어 만들어진 식민지도시 다롄의 한 단면을 상징하고
있다. 다롄은 근대 이후 영국, 러시아, 일본의 지배를 차례로 받는 과
정 속에서 다양한 민족이 공존하는 동아시아의 대표적 식민지도시로
거듭났다.[8] 이 장에서는 현대 일본 사회에서 발표된 몇 가지 다롄 관

---

[7] 센다는 패전 이후 『마이니치신문(每日新聞)』기자를 거쳐 1957년 작가가 되었다.
 그 뒤 발표한 千田夏光, 『從軍慰安婦』, 雙葉社, 1973은 일본 사회에 전시 성노예
 실태를 고발해 커다란 반향을 불러일으켰다.
[8] 다롄이라는 도시 자체를 대상으로 한 연구로는 西澤泰彦, 『圖說 大連都市物語』,
 河出書房新社, 1999가 포괄적이다. 건축사 연구자인 니시자와는 『圖說「滿州」都
 市物語』, 河出書房新社, 2006; 『日本植民地建築論』, 名古屋大學出版會, 2008 등에
 서도 다롄을 거론하고 있다. 한국에서 출간된 다롄 연구로는 귄톄좡·관제·한

련 작품을 소재로, 식민지도시 다롄이 걸어온 질곡의 근대사와 민족
간 접촉과 갈등 속에서 탄생한 새로운 정체성의 가능성에 관해 살펴
보는 것을 목적으로 한다.[9]

2. 근대도시 다롄

1943년 겨울, 이노우에 히사시(井上ひさし)는 다롄으로 이사를 간
친구로부터 한 장의 그림엽서를 받았다. 엽서는 화려하고 장엄한 건
물이 늘어서 있는 오히로바(大廣場)을 배경으로 한 것이었다. 이후 이
노우에 소년은 "꿈의 도시 다롄의 숭배자"[10]가 되었다고 한다. 지금은
중산 광장(中山廣場)으로 이름이 바뀐 오히로바 주변에는 일본 통치
를 상징하는 건물(은행, 호텔, 관공서)들이 들어서 있었다. 시내 한 가
운데에 200미터 크기로 조성된 광장으로부터는 방사선 모양으로 10갈
래의 길이 뻗어나갔고, 저녁 무렵이 되면 중앙을 둘러싸고 있는 가스
등에 불이 밝혀져 신비한 분위기를 자아냈다.[11]

오히로바의 원형이 만들어진 것은 러시아 통치 시대였다. 동아시아

쥔잉 저, 신태갑 역, 『일본의 대련 식민통치 40년사』(전3권), 선인, 2012; 권경선·
구지영 편, 『다롄: 환황해권 해항도시 100여 년의 궤적』, 선인, 2016; 정근식·신
혜선, 『다롄 연구: 초국적 이동과 지배, 교류의 유산을 찾아서』, 진인진, 2016 등
이 있다.

[9] 이러한 문제관심은 川村湊, 『異鄕の昭和文學: 「滿州」と近代日本』; 川村湊, 『文學
から見る「滿州」: 「五族協和」の夢と現實』, 吉川弘文館, 1998 등에서 많은 시사를
얻었다.

[10] 井上ひさし, 『井上ひさしの大連: 寫眞と地圖で見る滿州』, 小學館, 2002, 4쪽.

[11] 松原一枝, 『幻の大連』, 新潮新書, 2008, 5쪽.

에서 부동항과 자유항을 확보하려 했던 러시아는 그때까지 한적한 어촌에 불과했던 칭니와(青泥窪)에 프랑스 파리를 모델로 한 도시 건설에 착수했다. 오히로바는 러시아가 건설 중이었던 니콜라예프스카야 광장[12]을 이어받아 완성된 것이었다. 니콜라예프스카야 광장을 시작으로 오히로바를 거쳐 오늘날의 중산 광장에 이르는 과정은, 다롄 시의 이름이 달니 - 다이롄[13] - 다롄으로 변화한 것처럼, 식민지도시 다롄의 굴곡의 근대사를 상징하고 있다.

다이롄야마토호텔
(출전: 『大連名勝寫眞帖』, 東京堂, 1924, 11쪽)

---

12) 이미 이야기한 바와 같이 이 이름은 당시의 러시아 황제 니콜라이 2세와 관련된 것이다.

13) 大連의 일본식 발음.

러일전쟁 이후 러시아의 권익을 계승한 일본은 다롄을 근대적 계획
도시로 조성해갔다. 시속 120킬로미터로 질주하는 기차(特急あじあ
號), 동양 최대 규모의 병원(大連醫院), 일본에서도 볼 수 없는 최신식
시설의 유원지(電氣遊園), 시내 곳곳에 산재하는 공원 시설 등은 다롄
을 실험적 근대도시로 만들고자 했던 일본 통치자들의 의도에서 비롯
된 것이었다. 동서양이 어우러진 근대적 계획도시, 자유항 특유의 국
제적 분위기와 풍부한 물자, 아름다운 자연과 청명한 기후 등은 현대
일본의 다롄 회상 속에서 흔히 발견할 수 있는 상투적인 묘사들이다.
1908년 다롄에서 태어나 아사히소학교(朝日小學校)와 남만주공업전문
학교(南滿州工業專門學校)를 졸업한 뒤 다롄교양악단 상임지휘자로
서 활동한 경력이 있는 기무라 료지(木村遼次)는 패전에 이르기까지
38년 동안 다롄에서 생활한 인물이었다. 그는 다롄 시절을 회상하며
여름날 밤의 오히로바 주변 풍경을 이렇게 묘사하고 있다.

　　여름날 밤! 오히로바의 저녁 바람은 다롄의 명물이었다. 오시
　　마 대장(관동도독부 초대 도독 오시마 요시마사: 인용자)의 동상
　　부근에 수은등이 밝혀지면 유카타(浴衣, 여름철에 입는 무명 홑
　　옷: 인용자) 차림으로 산책을 나오는 사람들이 많았다. 야마토호
　　텔의 옥상에 있는 이동식 전등판(電燈板)이 매년 바뀌는 것도 즐
　　거움 가운데 하나였다. 호텔의 옥상정원에서는 맥주를 좋아하는
　　사람들이 모여 음악을 들어가며 기분 좋게 맥주잔을 기울이고 있
　　었다. 옥상에서 내려다보는 다롄의 야경도 인상적이었다.14)

14)　木村遼次, 『大連物語』, 謙光社, 1972, 71~72쪽.

전기유원의 회전목마
(출전: 『大連名勝寫眞帖』, 東京堂, 1924, 39쪽)

  기무라는 다롄교양악단의 지휘자가 되기 이전 '야마토호텔 오케스트라'의 일원으로 활동한 인물이었다.[15] 한여름날 밤의 야마토호텔 일대가 추억의 대상이 되는 것도 그 때문일 것이다. 그러나 기무라가 떠올리는 아름다운 다롄 풍경 속에서는 제국주의 열강의 각축도, 중국 사회의 고뇌도, 일본 지배의 역사도 찾아볼 수 없다. 오직 젊은 날의 다롄에 대한 강렬한 향수만이 존재할 뿐이다. 르네상스식 4층 건물에 두 대의 엘리베이터를 갖춘 다이롄야마토호텔을 "일본인의 자랑"[16]으로 여기는 기무라에게 그것은 당연한 일이었는지도 모른다.

15) 木村遼次, 『ふるさと大連』, 謙光社, 1970, 59~61쪽.
16) 『大連物語』, 36쪽.

3. 식민지도시 다롄

근대도시 다롄에 대한 그리움과 향수는 패전 이후 일본에서 발표된 다롄 회상기의 주선율을 이루고 있다.[17] 그러나 근대도시의 이면에는 식민지도시 다롄의 현실이 존재하고 있었다. 다롄의 아름다운 자연과 국제적 분위기를 사랑한 기요오카도 소학교 6학년 시절 중국인 쿨리들이 주로 거주하는 스얼거우(寺兒溝)의 "참담한 모습"을 목격하고는 다음과 같은 소감을 피력했다.

> 같은 도시 안에 이처럼 우아하고 아름다운 부분과 공포를 불러일으킬 정도로 불결한 부분이 공존하고 있다는 것은 소학교 학생에게는 이상하고 이해할 수 없는 풍경이었지만, 22살이 된 그에게는 더 이상 긍정할 수 없는 사실이었다. 사물에는 아름다운 표면이 있으면 더러운 이면도 존재한다는 것이 인생의 진실이라 할지라도 그것이 민족의 차이에 대응한다는 사실은 용서할 수 없는 야만적인 일이라고 생각했다.[18]

기요오카는 다롄에서 지붕이 바람에 날아가는 것을 막기 위해 무거운 돌을 몇 개나 올린, 금방이라도 무너져 내릴 것만 같은 오두막을 자주 목격할 수 있었다. 그는 "빈곤 그 자체를 상징하는 듯한"(110쪽)

---

17) 기무라의 작품 외에도 松下滿連子, 『再見・大連』, 謙光社, 1969; 時實弘, 『幻影の大連』, 大湊書房, 1978; 松原一枝, 『大連ダンスホールの夜』, 荒地出版社, 1994; 井澤宣子, 『麗しき大連』, 文藝社, 2003 등이 있다. 다롄 회상의 또 다른 주제는 인양 혹은 패전 시의 수난에 관한 이야기이다. 그러한 작품들은 본 주제와 직접적인 상관이 없다고 판단하여 대상에서 제외했다.
18) 淸岡卓行, 『アカシヤの大連』, 110쪽.

당시의 그림엽서에 있는 스얼거우 모습

중국인의 주거 환경과 다롄 부두에서 "자동차 바퀴 정도 크기의 둥그런 모양의 두박(豆粕)을 몇 장이나 어깨에 지고 걸어가는 쿨리의 모습"을 보고 당시 일본의 통치자들이 내걸고 있던 오족협화(五族協和)나 왕도낙토(王道樂土)와 같은 슬로건이 "완전히 모순된 것"(111쪽)이라는 사실을 감지했다. 근대도시의 이면에 존재하는 식민지도시의 현실은 다롄에서 일상적인 풍경 중의 하나였던 것이다.

　기요오카는 또 아름다운 고향 다롄을 파괴하는 국가의 전쟁을 혐오했다. 그는 전시 하의 "염전적(厭戰的)인 기분과 행위", 그리고 '학도출진(學徒出陣)'의 미명 아래 전장으로 향하는 동년배에 대한 죄의식을 고백하며 자신을 "전쟁의 희생자 또는 피해자"(96~97쪽)로 규정하고 있었다. 패전을 알리는 8월 15일의 라디오 방송을 듣고서도 "밝은 세계"(110쪽)의 도래를 예감한 것은 바로 그런 이유에서였다.

그렇다고 해서 기요오카가 식민지도시 다렌을 축으로 사고를 영위
했다는 말은 아니다. 같은 도시 내부에 존재하는 민족적인 차별을 "야
만적인 일"로 생각하고 중국인 마을의 공중변소에서 "타도 일본"(110
쪽)이라는 낙서를 보고 충격을 받은 것은 사실이지만, 기요오카는 그
러한 제국주의적 역사의 무대로서의 다렌보다는 역사를 초월하는, 역
사와는 별개의, 아름다운 자연으로서의 다렌에 의거하며 작품 활동을
전개했다. 그는 다렌 관련 작품의 창작 동기를 밝히는 문장[19] 속에서
19세기 이후 다렌이 걸었던 역사를 간략히 개관한 뒤 이렇게 말한다.

> 여기서 잊어서는 안 되는 것은, 다렌의 특수한 역사의 무대가
> 된 혹은 그 역사를 초월하는 것으로, 역사와는 별개의 아름다운
> 자연이 있다는 사실입니다. 나의 경우 역사보다도 오히려 이 자
> 연이야말로 몸과 마음에 깊은 영향을 주고 있지 않을까 생각합니
> 다. 자연에 대한 그리움은 이해관계를 넘어 순수한 것에 다다를
> 수 있다고 생각됩니다. 태어난 고향의 자연에 대한 그리움이 저
> 의 내부에서 사라질 일은 없을 것입니다.(360쪽)

앞서 이야기한 것처럼 기요오카는 다렌에서 태어나 다렌에서 인격
을 형성한 사람이었다. 그런 그가 징병검사를 받기 위해 찾은 부모의
고향 고치(高知)를 "자신의 고향이라고 생각하는 실감이 아무리해도
생겨나지 않는"(113쪽) 것은 어쩌면 당연한 일이었다. 오히려 "이 마을
(다렌: 인용자)이야말로 자신의 진정한 고향이라고, 사고를 통해서가
아니라 육체를 통해서 절실히 느꼈다"(113쪽)는 기요오카의 말은 솔직

---

[19] 『アカシヤの大連』에 수록되어 있는 「著者から讀者へ: 制作のモチーフ」.

한 심경의 토로였을 것이다. 하지만 그의 애정에도 불구하고 다롄의 중국인들은 일본인에 대해 "차가운 무관심으로"[20] 일관했고, 기요오카 또한 그곳이 "조국의 토지의 일부가 아니라는 사실"을 "자신의 불행"(156쪽)으로 자각하고 있었다.

　센다 가코의 "식민지소년"이라는 자기규정은 기요오카가 지나쳐버린 식민지도시로서의 다롄에 집착한 결과 도달한 아이덴티티였다. 식민지에서의 성장기를 "인생의 원점"[21]으로 설정하는 센다는 더 이상 일본 사회에서 자신과 같은 "슬픈 존재"(210쪽)가 생겨나지 않도록 '종군위안부', 일본군의 아편 정책 등의 문제에 천착해갔다. 그는 전쟁책임을 일부 군인의 문제로 전가하는 당시 다롄 일본인 사회의 분위기에 대해 다음과 같이 말했다.

　　　'만주사변'의 죄를 일부 군인이나 음모를 꾸민 관동군 참모들에게 뒤집어 씌워도 되는가 하는 문제이다. 적어도 나의 부친, 그 친구, 옆집 아저씨, 학교 선생들이 '드디어 일이 일어났군.', '드디어 해냈군.' 하며 상기된 얼굴로 9월 19일부터 며칠간을 보낸 것은 사실이다.(42쪽)

　센다가 회고하기에 만주사변을 계기로 그의 가정과 주변 일본인들은 "갑자기 '주머니 사정'이 좋아졌다." 그의 기억에 의하면 사변 이후 만철(남만주철도주식회사) 사원이었던 아버지는 매일 아침 자동차로 출근하게 되었고, 어머니는 당시 400엔이나 하는 은색 여우목도리를

---

20) 淸岡卓行, 『大連港で』, 48쪽.
21) 千田夏光, 『植民地少年ノート』, 9쪽.

둘렀고, 여동생이 치는 피아노가 독일제로 바뀌었다.(이상, 43쪽) 얼마
안 가서 아버지는 그때까지 다니던 만철을 그만두고 토목 관련 사업
을 시작했는데, 그것은 개전 후 관동군이 주도한 건설 붐에 편승하기
위해서였다.(42쪽) 식민지에서 국가 권력과 개인은 별개의 존재가 아
니었던 것이다.[22]

식민지도시 다롄의 모습은 식민체험과 가해의식을 신체에 박혀 있는
"가시처럼" 인식하고 그것을 자신의 문제로 승화했을 때 비로소 보이
는 것이었다. 그러한 점에서 역사를 초월한 기요오카와 역사를 직시
한 센다가 서로 다른 다롄 이야기를 피력하는 것은 당연한 일이었다.

4. 다민족사회 다롄

센다가 지배자로서 군림하는 일본을 통해 식민지도시 다롄을 사고
했다면 이시자와 에이타로(石澤英太郎)는 다민족사회 다롄과 그 속에
서의 민족적 정체성의 동요에 주목한 작가였다.[23] 이 다롄 출생 추리
작가는 그 동안 침묵으로 일관하던 자신의 다롄 체험을 마치 삶을 정

---

22) 조선 출신 식민 2세 작가 모리사키 가즈에(森崎和江)는 식민지에서 자신들의 "생
    활 그 자체가 침략이었다."(森崎和江, 『慶州は母の呼び聲』, ちくま文庫, 1991, 45
    쪽)고 갈파했다. 이 같은 입장은 센다의 그것과 상통하는 것이다. 모리사키에 관
    해서는 이 책의 제6장 「재조일본인 2세의 식민지 경험: 식민 2세 출신 작가를 중
    심으로」에서 다시 다룰 예정이다.
23) 이시자와 에이타로의 작품을 구식민지문학의 하나로 자리매김한 선구적 연구는
    川村湊, 『異郷の昭和文學: 「滿州」と近代日本』이다. 이후 히구치 다이스케(樋口
    大祐), 「다롄 패전문학론: 미키 다쿠(三木卓), 이시자와 에이타로(石澤英太郎)의
    작품을 중심으로」, 『해항도시문화교섭학』 12, 2015가 발표되었다. 필자도 가와무
    라의 연구를 통해 그 존재를 알게 되었음을 밝혀둔다.

리하듯 발표하고는 세상을 떠났다. 『잘 있거라, 다롄(さらば大連)』[24] 이 바로 그것인데, 그 가운데 한 작품인 『경쟁(競う)』은 다음과 같은 문장으로 시작한다.

> 전쟁이 끝난 후 한동안 만주(동북) 다롄에서 소련인과 중국인 과 일본인이 공평한 조건 아래 자국의 자부심을 걸고 기술을 겨 룬 적이 있었다.(158쪽)

이시자와의 다롄 관련 작품은 패전 직후의 다민족사회 다롄의 혼란 상황을 무대로 한 것이 대부분이다. 다민족사회 다롄은 열강의 각축 속에서 태어난 식민지도시 다롄의 또 하나의 모습이기도 했다. 그러 나 같은 공간에서 생활하는 중국인과 중국인 사회를 하나의 배경적 존재로밖에 인식하지 않았던 일본인 식민자들에게 다롄의 다민족사 회로서의 모습은 선명하게 드러나지 않았던 것 같다. 예를 들어 기요 오카는 패전 직후의 혼란 상황을 다음과 같이 회상하고 있다.

> 그 때 다롄은 일본인들에게 여러 민족이 교차하는, 어떤 의미 에서 로맨틱한 생활의 장이었다. 일본인들은 박해받는 입장에 처 한 덕분에 처음으로 타민족의 존재를 확실히 인식하게 되었고 오 히려 생각치도 못한 인생의 임시휴가를 맛보게 된 것이다. 만약 생활이 곤란한 동포에 대해 충분한 대책이 마련되었다면 그것은 아무리 많은 돈을 주어도 두 번 다시 경험할 수 없는 재미있는 체험이었다고 말해도 좋을 것이다.[25]

---

24) 石澤英太郎, 『さらば大連』, 光文社文庫, 1988.
25) 清岡卓行, 『アカシヤの大連』, 149쪽.

  기요오카가 여기서 이야기하고자 하는 것은 패전 국민으로서의 일본인들이 본국으로 귀환할 때까지 느꼈던 상실감과 그것에서 비롯하는 기묘한 공동체의식이었다. "어차피 가까운 시일 안에 언젠가는 일본으로 되돌아갈 것이라는, 어떤 의미에서 데카당스하고 또 그것을 통해 서로 친밀하게도 될 수 있는 미묘한 생활 감각"이 당시 다롄 일본인 사회에서 존재했고, 그러한 의식이 현재라는 시간을 "말하자면 즐기기 위해 즐기는"(149~150쪽) 태도를 낳은 것이다. 어쨌건 기요오카의 회상을 통해 다민족사회 다롄이 패전 국민으로서의 허탈감과 함께 그 모습을 드러냈다는 사실을 확인할 수 있다.

  기요오카가 패전 직후의 혼란 상태에서 "로맨틱"한 국제도시 다롄을 다시금 상기한 데 비해 이시자와는 인간과 국가의 관계에 관해 사고했다. 이런 점에서 "인생의 임시휴가"를 사상으로 승화시킨 사람은 기요오카가 아니라 이시자와 쪽이었다.[26] 이시자와는 "태어나 자란 곳이 타국이었다는 고향 상실감"(231쪽)에서 오는 정체성 위기를 다음과 같이 말하고 있다.

>   다롄에서 태어났기에 이 땅은 내 고향이고, 길거리에서 중국인 아이들과 어울리며 자랐기 때문에 그들 또한 나의 반신(半身)이었다. 언젠가 나는 일본으로 인양될 것이다. 나 같은 식민지의 자식(植民地の子)들에게 일본은 타국이었다. '인양', '인양'이라고 미친 사람처럼 울부짖는 일본인들을 나는 다른 나라 사람 보듯 했

---

26) 두 사람은 어린 시절 각기 다른 환경 속에서 성장했다. 앞에서 말한 것처럼 기요오카가 일본인들이 모여 사는 일본인 거주지에서 성장한 데 비해 이시자와는 "서민 동네(下町)에서 중국인 아이들과 함께 어울려 놀면서 자랐다."(石澤英太郎, 『さらば大連』, 232쪽). 패전 이후 두 사람이 서로 다른 다롄 인식을 피력한 한 이유로서 이러한 성장 경험의 차이를 들 수 있을 것이다.

다. 나는 중국에 귀화할 것을 심각하게 고민한 적도 있었다. 그런
분열된 민족의식은 일종의 절망감을 야기했다.(232쪽)

이시자와의 작품 속에서는 정체성의 혼란에 고민하는 혼혈아, 백계
러시아인(白系露人)과 같은 디아스포라적 존재들이 중요한 역할을 담
당하고 있다. 그가 이렇게 경계적 인물에 고집한 이유는 인간의 귀속
의식을 결정하는 데 있어 국가를 이차적 혹은 부정적 가치로 생각했
기 때문이었다. 『국기(國旗)』는 패전 직후 통행금지 명령을 어기고 병
원에 입원한 중국인 친구 천(陳)을 찾아나서는 일본인 전기 기술자의
이야기를 그린 작품이다. 작가는 시내 곳곳에 설치된 중국 국기와 소
련 국기 사이를 헤치고 나아가는 주인공 '榊(사카키)'의 심리를 이렇게
묘사하고 있다.

　　국기들은 나의 어리석은 행동을 비웃고 저지하려는 듯 보였다.
　　나를 이렇게 만든 것은 그것을 넘어 초월하려는 자부심과 긍지뿐
　　이었다. 나는 나부끼는 국기들을 무시하며 걸었다.(154쪽)

고향 상실과 정체성 위기의 한가운데서 민족과 국가를 넘어 또 다
른 공동체를 상상하는 이시자와의 생각은 대동아공영권이 표방했던
오족협화와 미묘하게 교차하고 있었다. 사실 중국 내셔널리즘과 일본
내셔널리즘을 동일시하는 이시자와의 시점은 양국의 역사 과정을 무
시한 하나의 비약이었다고 할 수 있다. 하지만 그가 상상하는 다민족
공생의 공동체는 적어도 다음과 같은 대동아공영권 구상과는 질적으
로 구분될 필요가 있을 것이다.

각 민족 문화의 특수성을 존중한다고 해도 그것은 어디까지나 공영권 문화라고 하는 하나의 통일된 전체 속에서의 특수성이다. (중략) 따라서 그러한 문화 건설의 경우도 자유주의적 생각에 따라 공공연히 자유방임을 허락할 것이 아니라 앞서 이야기한 것처럼 공영권 문화의 이념을 실현하는 데 여러 민족이 협력하도록 지도해야만 한다. 그리하여 공영권 문화를 건설함에 있어서도 그 건설 방법으로 지도자 원리를 채용해야만 한다. 즉 대동아 제 민족의 맹주인 일본 민족이 스스로 문화 건설의 지도자가 되고, 다른 민족은 이 지도자의 지도에 복종하고 주어진 문화 건설 방침에 따라 나아가야 한다.[27]

동아 제 민족의 공생과 공영을 표방하는 대동아공영권의 실체는 지도국 일본에 의해 운영되는 식민지 제국에 다름 아니었다. 민족 문제에 대한 근대 일본의 기본적인 태도는 이러한 이념에 의거하고 있었고, 바로 그렇기 때문에 대동아공영권은 정치적 성공 이전에 사상적으로도 이미 실패하고 있었던 것이다.

"일본인이 다민족 국가 안에서 진정하게 살아가기 위해서는 일본 국적에서 이탈해야 한다. 나아가 우월자의 입장을 버리고 국가 주권도 포기하고 그들과 함께 살아야한다." 이 같은 숙부의 발언을 매력적으로 느끼고, "선의만 있다면 민족 차별은 극복할 수 있다"[28]고 생각하는 이시자와의 태도를 현실을 망각한 소박한 이상론으로 치부하는 일은 간단하다. 하지만 그것이 패전이라는 객관적 상황 속에서, 다시

---

27) 國策硏究會, 『大東亞共榮圈文化體制論』, 1944. 여기서는 池田浩士 편, 『大東亞共榮圈の文化建設』, 人文書院, 2007, 310쪽에서 재인용.
28) 『國旗』, 『さらば大連』, 94쪽.

말해 지도국의 소멸 위에서 상상된 것이라는 점에서 대동아공영권 구
상과는 전혀 별개의 사상이었다는 사실은 이시자와의 명예를 위해서
라도 집고 넘어가야 할 필요가 있을 것이다.

5. 방법적 존재로서의 식민지도시

1924년 조선 경성에서 태어난 식민 3세 출신 시인 무라마쓰 다케시
(村松武司)는 이렇게 말했다.

> 우리들 가운데는 식민주의자는 있었다. 식민자도 있었다. 그러
> 나 '식민지인'만은 출현하지 않았다. 그렇기 때문에 일제히 식민
> 지를 버릴 수 있었다고도 말할 수 있다.[29]

고향을 버리고 식민지로 건너간 일본인들에게 그곳은 "암흑이 영광
으로 바뀌는"[30] 재생의 터였다. 그런 만큼 식민지는 정주의 땅이 아니
라 일확천금이나 신분적 비약을 노리는 기회의 땅으로 여겨지는 경우
가 대부분이었다. 가와무라 미나토는 이렇게 이야기했다.

> 민족의식이나 국가의식에서 만주의 일본인들은 섬나라의 단일
> 민족국가관을 그대로 가져들어갔고, 복합민족국가라는 현실이

---

[29] 村松武司, 『朝鮮植民者: ある明治人の生涯』, 三省堂, 1972, 105쪽. 무라마쓰에 대
해서는 이 책의 제6장 「재조일본인 2세의 식민지 경험: 식민 2세 출신 작가를 중
심으로」에서 다시 언급할 것이다.

[30] 위의 책, 102쪽.

단일민족국가관이라는 이데올로기를 어떤 의미에서도 분해하는
일은 발생하지 않았다.[31]

　다민족사회 '만주'가 근대 일본의 국가관을 재고하는 계기가 되는
일은 발생하지 않았다는 가와무라의 지적은 그대로 전후 일본에게도
해당하는 말이다. 패전국 일본의 탈제국화 과정은 연합국 주도하에
수동적으로 진행되었고, 그 과정에서 식민지 문제, 즉 민족 문제가 사
상적 과제로 등장하는 일은 극히 일부의 예외를 제외하고 끝내 없었
다. 물론 재일조선인이나 오키나와와 같은 내국식민지적 존재는 있었
지만, 식민지와 민족의 문제는 식민지의 기억과 함께 급속하게 풍화
되어갔다. 이 같은 상황은 다롄 표상에 있어서도 마찬가지였다. 1970
년 전후에 등장하기 시작한 식민 2세들에 의한 회상기도 어린 시절에
대한 아련한 향수와 고향에 대한 노스탤지어가 주선율을 이루고 있을
뿐 중국인과 그 사회는 배경적 존재로 그려지는 것이 일반적이었다.
　이런 점에서 패전 직후 다민족사회 다롄에서 또 하나의 새로운 정
체성이 탄생할 가능성에 대해 언급한 이시자와는 이색의 사상가였
다고 할 수 있다. 다롄에서 백계 러시아인은 "조국을 갖지 못한 유민
(流民)"[32]으로서 경멸의 대상이었다. 그렇기 때문에 소설 속의 일본인
주인공은 "국적? 국적 따위는 내게 필요 없어"라고 말하는 '로리아
(リョーリア)'에게 "절망감이나 허무감이 보이지 않는 점을 이상하
게"(162~163쪽) 생각했다. 로리아의 생각은 다음과 같은 것이었다.

31)　川村湊, 『異鄕の昭和文學: 「滿州」と近代日本』, 175쪽.
32)　『競う』, 『さらば大連』, 160쪽.

나는 태어나면서부터 국가가 없었어. 그래서 국가를 생각하지
않고 뭐든 선택할 수 있어. 지금은 이런 입장을 기쁘게 생각하고
있어. 나는 국가를 생각하지 않고 인간을 사랑할 수 있고, 국가를
생각하지 않고 사람을 위해 죽을 수도 있어.(213~214쪽)

이시자와의 소설은 이 백계 러시아인이 다롄에 전력을 송출하기 위
해 노력하다 죽음을 맞이하고, 일본인 주인공이 그 죽음의 의미를 되
새기는 것으로 끝나고 있다.

다민족사회 다롄은 제국주의의 역사가 낳은 식민지도시 다롄의 또
다른 모습이었다. 정치적 혼란 속에서 생겨난 디아스포라적 경계인들
은 역사가 낳은 비극적 존재임에 틀림없지만, 동시에 그들은 역설적
이게도 민족적 출자와 정치적 아이덴티티의 동일을 당연시하는 민족
국가 논리를 상대화하는 존재이기도 했다. 이런 의미에서 20세기에
만들어진 식민지도시 다롄은 근대 이후를 상상하는 방법적 존재로서
의 의의를 내포하고 있다.

참고문헌

궈톄좡·관제·한췬잉 저, 신태갑 역,『일본의 대련 식민통치 40년사』(전 3권), 선인, 2012.

권경선·구지영 편,『다롄: 환황해권 해항도시 100여 년의 궤적』, 선인, 2016.

정근식·신혜선,『다롄 연구: 초국적 이동과 지배, 교류의 유산을 찾아서』, 진인진, 2016.

히구치 다이스케(樋口大祐),「다롄 패전문학론: 미키 다쿠(三木卓), 이시자와 에이타로(石澤英太郎)의 작품을 중심으로」,『해항도시문화교섭학』12, 2015.

池田浩士 편,『大東亞共榮圈の文化建設』, 人文書院, 2007.

井澤宣子,『麗しき大連』, 文藝社, 2003.

石澤英太郎,『さらば大連』, 光文社文庫, 1988.

井上ひさし,『井上ひさしの大連: 寫眞と地圖で見る滿州』, 小學館, 2002.

川村湊,『異鄉の昭和文學:「滿州」と近代日本』, 岩波新書, 1990.

川村湊,『文學から見る「滿州」:「五族協和」の夢と現實』, 吉川弘文館, 1998.

木村遼次,『ふるさと大連』, 謙光社, 1970.

木村遼次,『大連物語』, 謙光社, 1972.

清岡卓行,『フルートとオーボエ』, 講談社, 1971.

清岡卓行,『鯨もいる秋の空』, 講談社, 1972.

清岡卓行,『大連小景集』, 講談社, 1983.

清岡卓行,『大連港で』, 福武書店, 1987.

清岡卓行,『アカシヤの大連』, 講談社文藝文庫, 1988.

清岡卓行,『偶然のめぐみ』, 日本經濟新聞出版社, 2007.

千田夏光,『植民地少年ノート』, 日中出版, 1980.

千田夏光,『從軍慰安婦』, 雙葉社, 1973.

『大連名勝寫眞帖』, 東京堂, 1924.

竹中憲一,『大連歷史散步』, 皓星社, 2007.

時實弘,『幻影の大連』, 大湊書房, 1978.

西澤泰彦,『圖說 大連都市物語』, 河出書房新社, 1999.

西澤泰彦,『圖說「滿洲」都市物語』, 河出書房新社, 2006.

西澤泰彦,『日本植民地建築論』, 名古屋大學出版會, 2008.

松下滿連子,『再見・大連』, 謙光社, 1969.

松原一枝,『大連ダンスホールの夜』, 荒地出版社, 1994.

松原一枝,『幻の大連』, 新潮新書, 2008.

村松武司,『朝鮮植民者: ある明治人の生涯』, 三省堂, 1972.

森崎和江,『慶州は母の呼び聲: わが原鄕』, ちくま文庫, 1991.

제5장

근대 일본과 미크로네시아

제5장 근대 일본과 미크로네시아

1. 머리말

필리핀 동부 서태평양에서 날짜변경선 직전에 이르기까지의 적도 이북 해역에 산재하는 미크로네시아(Micronesia) 제도[1]를 근대 일본은 '남양군도(南洋群島)'라고 불렀다. 더 정확하게 이야기하면 그때까지 막연히 남양 혹은 남방(南方)의 일부로 인식되던 미크로네시아 제도가 남양군도가 된 것은 제1차 세계대전 발발과 일본 참전의 결과, 미크로네시아 제도가 일본의 위임통치령이 되고나서부터였다. 그 뒤 근대 일본에서 남양군도는 미국을 겨냥한 태평양상의 군사적 거점으로서, 1936년 8월 7일의 5상회의(五相會議) 결정 '국책의 기준(國策ノ基準)' 이후부터는 남진국책(南進國策)의 교두보로서 존재했다. 오늘날 일본 사회에서 사람들의 관심 밖으로 벗어나 사어(死語)가 되다시피 한 남양군도는 한때 일본 제국의 남방 진출과 대외 팽창을 상징하는

---

[1] 미크로네시아 제도는 마리아나(Mariana) 제도, 서 캐롤라인(Caroline) 제도, 동 캐롤라인 제도, 마셜(Marshall) 제도로 구성되어 있다. Micro는 '작다'라는 의미로, 그 명칭은 '검은 색깔'을 뜻하는 멜라네시아(Melanesia)와 '많다'라는 의미의 폴리네시아(Polynesia)와 함께 유럽 국가들의 '발견'과 명명에 의한 것이다.

'지역'[2])이기도 했던 것이다.[3])

　본 장의 목적은 지금까지 주로 국제정치학이나 식민지사 연구의 대
상이었던 근대 일본과 미크로네시아의 관계를 문화 교섭의 관점에서
재조명하는 것이다.[4]) 이를 위해 이 장에서는 근대 일본의 남진론(南
進論)과 제1차 세계대전 이후의 위임통치 과정에 대해 간단히 개관한
뒤, 미크로네시아에 대해 발언한 몇몇 일본 지식인들, 예를 들어 식민
정책학의 관점에서 위임통치령 남양을 연구한 야나이하라 다다오(矢
内原忠雄), 개인적인 방문 체험을 여행기를 발표한 바 있는 이시카와
다쓰조(石川達三), 그리고 남양청(南洋廳) 국어편수 서기(國語編修書
記)로 미크로네시아에 부임해 그 경험을 토대로 독자의 작품세계를
구축한 나카지마 아쓰시(中島敦)의 문학 작품 등을 살펴볼 것이다. 이
러한 사람들에게 주목하는 이유는 그들의 발언 속에 '문명과 야만'이
라는 이항대립적인 세계관, '야만'에 대한 동경과 근대주의적 사고(양
자는 동전의 양면과 같은 관계이기도 하다), 지배와 피지배의 문제가
상징적으로 드러나 있기 때문이다.[5])

---

　2) 미크로네시아 제도는 육지 면적이 2,149평방킬로미터에 지나지 않는 바다로 둘러
　　싸인 '해역' 세계이다.
　3) 미크로네시아 제도는 미국 본토-하와이-미드웨이 제도-괌-필리핀을 횡단하는 미
　　국의 동서 라인과 일본 본토-오가사와라(小笠原) 제도-마리아나 제도를 종단하는
　　일본의 남부 라인이 교차하는 지점으로, 그 뒤 아시아태평양전쟁 중 사이판 전투
　　와 같은 군사적 충돌이 일어난 곳이기도 하다.
　4) 국제정치학이나 식민지사적 시각에서의 연구는 다수 존재하지만 대표적인 작품
　　으로는 我部政明, 「日本のミクロネシア占領と「南進」」, 『慶應大學法學研究』 55권
　　7호, 1982; 等松春夫, 「南洋群島委任統治繼續をめぐる國際環境 一九三一 - 三五
　　戰間期植民地支配體制の一斷面」, 『國際政治』 122호, 1999년 9월; Mark Robert
　　Peattie, 「日本植民地支配下のミクロネシア」, 『岩波講座 近代日本と植民地 1』, 岩
　　波書店, 1992 등이 있다. 한편 等松春夫, 『日本帝國と委任統治: 南洋群島をめぐ
　　る國際政治 1914-1947』, 名古屋大學出版會, 2011은 저자의 위임통치 관련 연구를
　　한데 모은 책이다.

2. 제1차 세계대전과 일본의 위임통치

야노 도루(矢野暢)의 『일본의 남양사관(日本の南洋史觀)』[6]에 의하면 근대 일본의 남진 구상에는 두 가지 코스가 존재했다고 한다. 하나는 오키나와(沖繩)-타이완(臺灣)-중국의 화남(華南) 지방-동남아시아에 이르는 코스이고, 또 하나는 오가사와라 제도(小笠原諸島)-미크로네시아-태평양에 이르는 것이었다. 당시 사람들은 전자를 외남양(外南洋), 후자를 내남양(內南洋)으로 구별해서 불렀다.[7] 근대 일본과 미크로네시아의 문화 교섭에 대해 고찰하는 것을 목적으로 하는 이 논문에서는 근대 일본의 남진론의 계보를 전체적으로 살펴볼 수는 없지만, 외남양 구상와 내남양 구상의 차이에 대해 간단히 언급하면 다음

---

[5] 근대 일본과 미크로네시아의 관계를 생각할 때 간과할 수 없는 또 한 명의 중요한 인물로 '태평양 민속학'의 창시자 마쓰오카 시즈오(松岡靜雄, 마쓰오카는 일본 민속학의 창시자 야나기타 구니오(柳田國男)의 동생)와 15년 간 미크로네시아에 체재하면서 예술 활동을 하는 한편 '태평양 민족'에 대한 인류학적 관찰을 기록으로 남긴 히지카타 히사카쓰(土方久功)를 들 수 있다. 두 사람에 관한 연구로서 川村湊, 「「大東亞民俗學」の虛實」, 講談社選書メチエ, 1996이 있다.

[6] 矢野暢, 『日本の南洋史觀』, 中公新書, 1979. 야노는 근대 일본의 '남진' 사상에 대한 선구적인 업적을 남긴 연구자로, 이 외에도 『「南進」の系譜』, 中公新書, 1975와 같은 작품이 있다. 2009년에 출판된 『「南進」の系譜 日本の南洋史觀』, 千倉書房은 앞의 두 작품을 한데 묶은 것이다. 야노는 『「南進」の系譜』의 플로로그에서 근대 일본인과 동남아시아의 "자연스러운 관계의 총체"를 '남방 관여'라고 부르고, 그러한 남방 관여가 "국책과 연결되어 바람직하지 않은 경향을 띠기 시작한 국면"(7쪽)을 '남진'이라고 부를 것을 제안했다. 근대 일본에서 발표된 남진론의 축적을 개관한 뒤 야노는 "그 축적 과정은 확실히 일본인의 남양관의 타락 과정"(『日本の南洋史觀』의 서문, ii쪽)에 다름 아니었다고 결론 내렸다.

[7] 『日本の南洋史觀』, 12쪽. 서구적 지리 의식에서 볼 때 남양(Mar del Sud)은 거의 태평양을 의미했다. 이에 비해 일본의 경우는 '남양'을 '서양', '동양'과 구별되는 또 하나의 지역 개념으로 인식하는 경향이 있었는데, 이러한 개념을 근대 일본에 정착시킨 저작은 志賀重昂, 『南洋時事』, 1887이었다. 이에 관해서는 淸水元, 『アジア海人の思想と行動: 松浦薰・からゆきさん・南進論者』, NTT出版, 1997, 181~197쪽을 참조.

과 같다.

외남양 구상이 자유무역에 근거하는 통상입국(通商立國)적 관점에
서의 남진론, 다시 말해 일본자본주의의 제품시장 및 원료공급지로서
의 남양을 기대한 데에 비해[8], 내남양 구상은 '무주지(無主地)'(이러한
표현에 이미 남양 제도의 주민을 토지의 부속물 정도로 여기는 식민
주의적 발상이 잠재되어 있는 것은 물론이다) 선점과 해외식민=상업
이민을 목표로 하는 공상적 남진론이 주류를 이루고 있었다.[9] 기존의
연구에서는 이러한 양자의 차이에 주목하여 통상입국을 지향하는 남
진 구상을 "평화적·경제적" 해양국가론으로 평가하는 경우도 있다.[10]

그러나 영토확장적 남진론과 통상입국적 남진론은 서로 교차·보
완하는 관계에 있었다고 보아야 할 것이다. 식민지 획득을 궁극적 목
적으로 하는 공상적 남진 구상은 서구 열강의 남양 제도 분할이 완료
되자 사실상 그 입론의 근거와 현실적 가능성을 상실했다. 19세기 말
서구 열강의 남양 분할은 최종적인 국면에 달해 있었다. 1885년 영국
과 독일은 남양에서의 세력 분할 협정에 합의했고, 1898년 미서전쟁
의 결과로 미국과 독일이 이 지역에 진출해 필리핀과 괌, 그리고 마리

---

[8] 앞서 소개한 志賀의 『南洋時事』와 같은 政教社 계열 지식인들의 저작이나 服部
徹, 『南洋策』, 1891; 恒屋盛服, 『海外殖民論』, 1891 등이 대표적인 작품이다.

[9] 공상적 남진론의 대표적 예로 鈴木常勳, 『南洋探檢實記』, 博文館, 1892(1980년 平
凡社東洋文庫로 복간)를 들 수 있다. 이 책은 마셜 제도, 하와이, 사모아, 피지 등
지를 탐험한 기록으로, 그 안에서 스즈키 쓰네노리는 남양 제도가 서구 열강에
의해 분할 점령되기 이전에 '무주지'를 선점할 것을 강력히 주장하고 있다. 스즈
키에게는 이 외에도 『南島巡航記』, 1893; 『南洋風物誌』, 1893와 같은 저작이 있
다. 스즈키에 관해서는 森久男, 「解說」, 『南洋探檢實記』, 平凡社東洋文庫; 川村
湊, 『「大東亞民俗學」의 虛實』 등이 상세히 언급하고 있다.

[10] 예를 들어 清水元, 『アジア海人の思想と行動: 松浦薫·からゆきさん·南進論者』,
193~197쪽.

아나 제도와 캐롤라인 제도를 각각 그 세력 하에 넣었다. 모리 히사오(森久男)에 따르면 남양 제도에서 서구 열강의 세력 범위는 1876년 56.8퍼센트에서 1900년 98.9퍼센트로 확대되었다.[11] 사실상 남양 분할은 완료된 것이나 다름없었던 것이다. 이러한 여건에서 영토확장적 남진론이 현실적 가능성을 상실하는 것은 당연한 일이었다. 통상입국적 남진론은 실현 가능성을 상실한 영토확장적 남진론을 대신하여 대두한 남진 구상이었다. 이런 점에서 볼 때 20세기 이후 일본의 통상입국적 남진 구상을 "상공업적 평화주의"로 평가하는 것은 일국사적 설명일 뿐만 아니라 당시 남양을 둘러싼 국제정치적 상황을 무시한 논의라고도 할 수 있을 것이다.

메이지 초기에 발표된 근대 일본의 남진 구상(그것이 낭만적 팽창주의에 근거하든, 열광적 애국주의에서 출발하든, 아니면 통상입국의 문맥에 입각하든)은 대륙 국가를 지향하는 메이지 정부의 북진 정책과 상반하는 것이었다. 앞서 언급한 1936년의 5상회의 결정 '국책의 기준'이 남진을 북진 국책과 동렬로 자리매김할 때까지 남진론은 어디까지나 "방계적 사상"[12]으로 존재해왔다.

이 같은 근대 일본과 남양의 관계에 결정적인 전기를 가져온 것이 바로 제1차 세계대전이었다. 1914년 영일동맹을 구실로 대전에 참가한 일본은 같은 해 10월까지 독일령 미크로네시아 제도를 거의 아무런 저항 없이 점령하는 데 성공했다. 이후 일본은 미크로네시아를 식민지화하기 위해 유럽 연합국을 상대로 비밀 외교를 전개하여 대전후 통치를 '위임'받기에 이른다.

---

11) 森久男, 「解說」, 260쪽.
12) 矢野暢, 『日本の南洋史觀』, 58~60쪽.

위임통치제도(mandate system)란 본래 제1차 세계대전 이후 패전국 독일의 해외 영토와 오스만제국의 비(非) 터키 지역의 처분을 위한 방법으로서 고안된 것으로, 강화회의를 지배했던 두 가지 조류, 즉 전통적 분할과 병합을 주장하는 영국, 프랑스, 일본의 현실주의와 비 병합과 민족자결주의를 주장하는 윌슨의 이상주의 사이에서 탄생한 일종의 타협안이었다. 그러나 전쟁 중의 점령국이 대전 이후 그대로 각 지역의 수임국(受任國, mandatory)이 되는 등, 위임통치제도는 실질적으로 대전 이후 열강의 식민지 지배에게 붙여진 새로운 이름에 불과했다.[13]

따라서 대전 이후 일본의 위임통치령이 된 미크로네시아는 실제는 일본의 식민지가 된 것이나 마찬가지였다. 수임국 일본에게는 주민복지 향상, 치안 유지, 군사훈련 및 지역 내 군사시설 건설 금지(당시 미크로네시아의 군사시설에 대해서는 미국과 호주가 경계를 표하고 있었다), 그리고 국제연맹의 위임통치 위원회에 행정연보 제출이 의무화되었다. 하지만 행정연보 제출 외에는 실질적인 무간섭 상태로, 수임국에게는 대폭적인 재량권이 부여되었다.[14]

이후 미크로네시아와 일본의 경제 관계는 비약적으로 증가했다. 전시 중이었던 1915년에 재단법인 남양협회가 설립된 것은 남양에 대한 일본 사회의 관심의 증대를 상징하는 일이었다. 이러한 관심은 위임통치화로 가속화되어, 타이완은행(台灣銀行), 요코하마 정금은행(橫浜

---

13) 당시 위임통치제도에 대해서는 '위장된 병합(veiled annexation)', '계몽적 식민지주의(enlightened colonialism)'와 같은 비판이 있었다. 이 점에 대해서는 等松春夫, 「南洋群島委任統治繼續をめぐる國際環境 一九三一 - 三五 戰間期植民地支配體制の一斷面」을 참조.

14) 일본의 미크로네시아 통치의 실태에 관한 연구로는 Mark Robert Peattie, 「日本植民地支配下のミクロネシア」; 今泉裕美子, 「南洋群島委任統治政策の形成」, 『岩波講座 近代日本と植民地 4』, 岩波書店, 1993 등이 있다.

正金銀行), 대일본제당(大日本製糖), 남양창고(南洋倉庫) 등과 같은 대자본이 본격적으로 미크로네시아에 진출하기 시작했다. 그 중에서도 1921년에 설립된 남양흥발주식회사(南興)는 제당사업을 중심으로 남양 개발에 착수하여, '북쪽의 만철, 남쪽의 남흥' 혹은 '바다의 만철'이라고 불릴 정도로 성장했다.[15] 그 뒤 1930년대 중엽 남진 국책이 결정되어 미크로네시아의 '전진방어기지(前進防禦基地)'로서의 가치가 증대하게 되자 일본 정부는 남양척식주식회사(南拓)를 설립하기에 이른다.

남양청 전경
(출전: 『南洋群島寫眞帖』, 南洋廳, 1932, 25쪽)

15) 남흥은 만철(남만주철도주식회사)이 대주주로 참가한 실질적인 국책회사였다. 1930년대 남흥은 남양청 세입의 60퍼센트를 차지할 정도로 중요한 위치를 차지하고 있었다. 참고로 남흥의 사장 마쓰에 하루지(松江春次)는 남양 개발의 입지전적 인물로, 『南洋開拓拾年誌』, 1933라는 자서전이 있다. 마쓰에에 대한 연구는 佐伯康子, 「松江春次論: 南洋興發の發掘と崩壞」, 『名古屋明德短期大學紀要』 3호, 1992를 참조.

한편 위임통치와 군사기지 건설 제한이 결정되자 일본의 미크로네시아 지배는 전시 하의 해군 군정에서 민정으로 이행했다.[16] 1922년에 만들어진 민정 기구 남양청은 팔라우(Palau), 마리아나 제도, 야프(Yap), 캐롤라인 제도, 마셜 제도에 본청과 지청이 두고 있었다. 남양청은 근대 일본의 마지막 식민지 정부기관으로, 비록 다른 식민지 기관에 비해 지위가 낮고 권한도 제한되어 있었지만, 미크로네시아 원주민은 물론 외국으로부터 거의 간섭을 받지 않는 절대적 위치에 있었다.

경제적 유대 관계의 증대와 지배 기구 정비를 계기로 일본인 인구의 유입은 본격적으로 증가해갔다. 위임통치 이후 일본인 인구는 해마다 늘어나 1935년에는 50,000여 명에 이르렀다. 주요 도시에서 일본인이 다수를 차지하고, 일본인 거주 지구와 신사(神社)가 만들어졌다. "만약 태평양전쟁이 일어나지 않고, 패전의 결과로 일본인이 급격하게 사라지지 않았다면 에스닉 그룹으로서의 미크로네시아인은 20세기 중에 사라졌을 지도 모른다."[17] 라는 마크 피티의 지적은 결코 과장이 아니다.

위임통치령 미크로네시아의 인구 구성은 최상부에 남양청 관리와 남흥 관계자, 그 밑에 오키나와인, 타이완인, 조선인 이민, 그리고 최저변에 원주민이 존재하는 차별적 중층 구조를 보이고 있었다. 역사학자 고토 겐이치(後藤乾一)가 가르치는 바에 의하면 미크로네시아에서는 '도민(島民)'이라는 행정 명칭이, 한반도에서의 '반도인(조선인)'과 같은 사회적 호칭이 아니라, 법적 개념으로서 존재했다고 한다.[18]

---

16) 일본의 미크로네시아 통치는 해군 통치시대(1914-1922), 남양청 통치시대(1922-1944)로 대별된다.

17) Mark Robert Peattie, 「日本植民地支配下のミクロネシア」, 204쪽.

원주민에 대한 적나라한 차별 의식은 미크로네시아 제도가 근대 일본
이 소유한 식민지 가운데 가장 토지 면적이 작고(바꾸어 말해 열국의
감시로부터 자유롭고), 또 무문자사회, 모계제 등과 같은 문화적 이질
성을 갖고 있는 데에서 기인하는 것이었다.

3. 식민정책학과 미크로네시아

도쿄제국대학 식민정책학과 교수 야나이하라 다다오는 1930년을
전후해서 일본의 식민지에 대한 일련의 저작을 발표했다.[19] 『제국주
의 하의 타이완(帝國主義下の台灣)』(岩波書店, 1929), 『만주 문제(滿洲
問題)』(岩波書店, 1934), 『남양군도 연구(南洋群島の硏究)』(岩波書店,
1935)가 그것들인데, 그 중에서도 태평양문제조사회의 의뢰로 집필된
『남양군도 연구』는 위임통치 이후 미크로네시아의 "근대화 과정"과
"일본 통치의 특색"(서문, 1쪽)을 밝히는 것을 목적으로 하고 있었다.
야나이하라는 다이쇼 데모크라시 운동의 대표적 사상가였던 요시노
사쿠조(吉野作造)의 문하생으로, 당시 일본 정치의 민주화와 과학적
식민지정책의 수립을 주장했던 인물이었다.[20] 그런 만큼 그는 위임통

18) 後藤乾一, 『近代日本と東南アジア: 南進の「衝擊」と「遺産」』, 岩波書店, 1995, 19쪽.
19) 야나이하라의 식민정책학 연구에 관해서는 淺田喬二, 『日本植民地硏究史論』, 未
  來社, 1990; 村上勝彦, 「矢內原忠雄における植民地論と植民政策」, 『岩波講座 近
  代日本と植民地 제4권』 등을 참조.
20) 『帝國主義下の台灣』의 「序」에서 야나이하라는 식민지 문제를 바라보는 자신의
  심정을 "학대받는 자들의 해방, 불행한 자들의 향상, 그리고 자주 독립한 자들의
  평화적 결합"(ⅴ쪽)이라고 밝히고 있다. 스미야 미키오(隅谷三喜男)에 의하면 동
  작품은 당시 일본에 체재하는 타이완 유학생들에게 "바이블"과 같은 존재였다고
  한다. 隅谷三喜男, 「解說」, 『帝國主義下の台灣』, 岩波書店 복각판, 1988, 285~286

치의 제국주의적 본질을 정확히 파악하고 있었다.

> C식 위임통치21)는 토착 인민의 이익을 위해 일정한 보장을 부
> 여하는 조건 하에 수임국 영토의 구성 부분으로서 그 국법 하에
> 시정을 행하는 것으로, 단순히 수임국의 영토라고는 할 수 없지
> 만 가장 영토에 가까운 성격을 지니는 것이다. 위임통치제도가
> 정치적으로는 제국주의 국가 간의 영토 재분할의 한 형태였다는
> 점을 이 경우 잘 알 수 있다.(38쪽)

이렇게 위임통치의 기만적 성격을 지적하는 야나이하라였지만 그
렇다고 그가 "토착 인민"의 해방을 주장했던 것은 아니다. 식민정책학
은 식민지를 전제로 한, 통치를 위한 학지(學知)라는 태생적 한계를
갖고 있었는데, 그러한 한계를 야나이하라도 고스란히 이어받고 있었
다. 억압적인 통치나 동화 정책에 대한 그의 비판은, 말하자면 식민지
의 안정적 유지와 열국의 비판을 회피하려는 정치적 동기와 크리스트
교도의 입장에서의 인도주의적 감정에서 비롯하는 것으로, 식민지 소
유 그 자체를 문제시하는 것은 결코 아니었다. 따라서 국제연맹 탈퇴
이후 일본은 "어떤 의미에서도 도덕적으로도 법률적으로도 (연맹 이
사회에 대한 의무로부터: 인용자) 해방되지 않았다"(494~495쪽)는 야
나이하라의 발언은 국제협조주의자로서는 괄목할만한 주장이지만 근
대 국제질서 그 자체에 대한 문제제기였다고는 볼 수 없는 것이다.22)

쪽.
21) 위임통치의 대상이 된 지역은 '문명도'가 높은 순서에 따라서 A, B, C로 분류되었
   다. C식 위임통치 지역인 미크로네시아는 '문명도'가 가장 낮은 지역인 셈이다.
22) 일본이 국제연맹에서 탈퇴한 이후 미크로네시아는 위임통치령에서 공식 식민지
   로 되었다. 연맹 이사회에 대한 의무를 강조하는 야나이하라의 발언은 그러한

국제협조주의의 입장에서 사회과학적 방법론에 의거한 식민정책학의 수립을 지향하는 야나이하라는 일본이 미크로네시아에서 실시했던 근대화 정책에 대해 대체로 긍정적인 평가를 내리고 있었다. "선의를 갖고 도민 인구를 보호하고 복지 증진을 실행"한 일본의 통치를 "현실 국가로서는 이 정도가 최선"(493쪽)이라고 생각하는 그는 "도민의 생활과 생존에 대해 파괴적 간섭 정책"(487쪽)으로 일관한 스페인이나, 미크로네시아를 "단순히 투자식민지"(488쪽)로만 여긴 독일에 비해, 일본의 통치는 치안 유지, 자원 개발, 재정 자립, 행정 완비, 일본인 이민의 증가, 학교와 병원의 개설, 도민 생활의 근대화와 인구 증가 등 모든 면에 있어서 "결코 경소하지 않은 성적"(490쪽)을 거두었다고 상찬했다. 이 같은 자부에도 불구하고 야나이하라가 "현실 국가로서는 이 정도가 최선"이라고 유보를 다는 이유는 크리스트교 교도로서 "순수하게 원주민 보호를 유일하고 가장 중요한 목표로 내세우는 식민지 통치"(493쪽)를 이상으로 여기고 있었기 때문이다.[23]

일본의 통치 실적을 높이 평가하는 야나이하라가 국어(=일본어)교육 정책에 대해 그것이 "도민 사회의 근대화"를 유도하는 "진보적 역할"(399쪽)을 수행하고 있다고 말하는 것은 어쩌면 당연한 일이었다. 당시 미크로네시아의 교육은 일본인의 자제의 경우 '소학교(小學校)', 원주민은 '공학교(公學校)'라고 하는 차별적 이중 구조 하에서 실시되

상황을 의식한 것이었다. 연맹 탈퇴와 미크로네시아의 법적 지위를 둘러싼 당시의 논의에 대해서는 等松春夫, 「日本の國際連盟脱退と南洋群島委任統治問題をめぐる論爭 1932-33」, 『早稻田大學大學院法研論集』 제66호, 1993에 상세하다.
[23] 야나이하라의 식민정책학과 크리스트교의 관계에 대해서는 田中良一, 「救濟としての植民?: 矢内原忠雄における傳道の植民政策學」, 『相關社會科學』 21, 2011을 참조.

야프 도민 개선 강습회(ヤップ島民改善講習會)의 모습
(출전: 『南洋群島寫眞帖』, 南洋廳, 1932, 17쪽)

고 있었다. 제도적 차별은 교과 내용에 있어서도 마찬가지였다. 일본
은 미크로네시아의 원활한 통치와 영구적 식민지화를 위해 원주민의
국어 교육을 중시하여 전 수업 시간의 2분의 1 내지 3분의 1을 국어에
할당했다. 또 수신(修身) 과목을 통해 일본적 사고와 세계관을 강제했
다.[24] 원주민 자녀들은 교육 현장에서 천황제의 역사와 일본인의 '기
풍'에 대해 학습해야만 했던 것이다. 이 같은 교육 실태에도 불구하고
야나이하라는 "(원주민은: 인용자) 선천적으로 지적 불구자가 아니라
단지 교육을 받지 못한 아이 혹은 시골사람에 불과"(397쪽)하기 때문
에 원주민의 "근대화 적응 능력"을 함양하는 공교육을 통해 "도민 사
회의 근대화"는 가능하다고 주장하고 있었다. 아래는 그가 야프를 방
문했을 때 공학교 졸업자들을 앞에 두고 한 발언 내용이다.

　　　사람은 누구나 공부를 하면 훌륭한 사람이 됩니다. 야프 사람

----

[24] 당시 공학교 교육의 실태에 관해서는 今泉裕美子, 「南洋廳の公學校敎育方針と敎
育の實體: 一九三〇年代初頭を中心に」, 『沖繩文化硏究』 제22호, 1996 참조.

들도 공부를 하면 틀림없이 좋은 마을을 만들 수 있을 것입니다.
훌륭하게 되려고 분발하는 사람은 훌륭하게 됩니다. 스스로 포기
하고 분발하지 않는 사람은 그리 되지 못합니다. 모두 장래에 대
해 희망을 갖고 열심히 해 주십시오. 오늘은 여기까지. 감사합니
다.(536쪽)

이렇게 훈시를 마친 후 그는 "과거의 야프에 대해서는 노 추장 후세
가모 니가와 논의해야 하겠지만 야프의 장래에 관해서는 이들 청년과
함께 이야기해야 한다. (중략) 사랑스런 청소년들이여, 나는 직접 손을
잡고 가르치고 싶은 생각이 들었다"(536쪽)라는 감상을 흘리고 있다.

『남양군도 연구』는 태평양문제조사회의 의뢰로 집필되었다는 작품
탄생 본래의 제약도 있었지만, 그 기저에는 근대주의적 관점이 관통
하고 있었다. 미크로네시아 사회와 원주민은 어디까지나 교육, 통치,
근대화의 '대상'에 불과했고, 그 어떤 의미에서도 주체가 될 수 없는
존재였다. 근대적 교육지상주의자 야나이하라가 미크로네시아의 전
통사회를 경시하고 공교육의 폭력성에 대해 무감각할 수 있었던 것은
미크로네시아를 비주체적 존재로 전제하며 논의를 전개하는 데 모순
을 느끼지 않았기 때문이었다. 야나이하라의 근대주의는 원주민 인구
감소 문제를 논하는 발언 속에 극명하게 나타나 있다.

남양청 재정에서 (중략) 도민의 세금 부담 능력에 의존하는 부
분은 크지 않으며, 도민은 재정적으로는 오히려 실비(失費)의 원
인이다. 따라서 극단적으로 이야기하면 도민의 인구 감소 경향은
이를 자연적 진행에 방치하고 그로써 발생하는 공백을 일본인의
이주로 충당하는 것이 실리적으로 유효하다고 할 수 있다. 그런

　　정책은 단지 일본 자체의 인구 과잉 대책으로서 뿐만 아니라 남
　　양군도의 자원을 개발하여 세계경제에 대한 공헌을 증대시키는
　　것으로도 변호할 수 있다.(475~476쪽)

　재정적 부담이 되는 원주민의 인구 감소를 방치하고 일본인 이민으
로 그 자리를 메우자는 야나이하라의 주장을 단순히 국익의 관점에서
토로된 발언만으로 해석해서는 곤란할 것이다. 야나이하라는 "도민
인구의 쇠퇴 경향이 외국인의 도래로 말미암은 그들 사회의 근대화에
의해 시작되었다"는 점을 익히 알고 있었다. 하지만 근대화를 신봉하
는 그는 문제 해결 방법이 "근대화의 저지나 고유사회의 복고(復古)에
있는 것이 아니라 오히려 근대화 과정의 정당한 진보"(이상, 472쪽)에
있어야 한다고 확신했다.
　야나이하라의 식민정책학은 합리적·근대적·과학적 식민통치학과
동의어였다. 국제협조주의자 야나이하라 다다오가 『남양군도 연구』
를 통해 주장했던 바는 "토착 인민"의 해방이 아니라, "문명이라는 신
성한 사명의 수탁자"로서의 일본이 "위임통치 정신을 존중하고 태평
양의 평화 유지와 도민 복지의 증진"(493~494쪽)에 기여하는 것이었
다.[25]

----

25) 여기서 잠시 통치의 학으로서의 식민정책학이 그 뒤 어떤 길을 걸었는지에 관해
　　언급하면 다음과 같다. 패전 이후 식민정책론 강좌는 GHQ 지령에 의해 폐지되
　　었다. 그러나 도쿄대학의 경우 식민정책론은 얼마 가지 않아 '국제경제학'으로
　　이름을 바꿔 다시 부활했다. 전시 중 화필사건으로 대학에서 물러나 있던 야나
　　이하라도 "희생자"의 입장에서 다시 대학에 복귀하여 '전후민주주의'를 견인하는
　　오피니언 리더가 되었다. 식민정책론은 오늘날 일본 학계에서 국제경제론, 저개
　　발경제론, 국제관계론, 지역연구 등의 형태로 흡수되어 계승되고 있는데, 패전
　　후 식민정책학이 '국제경제학'으로 새롭게 출발하는 데 있어 식민지 책임의 문제
　　등에 대해서는 아무런 입장 정리도 이루어지지 않았다. 이 점에 대한 선구적인
　　연구로 和田春樹, 「戰後日本における社會科學硏究所の出發」, 『社會科學硏究』 32-2,

4. 작가들의 미크로네시아

야나이하라가 공학교 교육을 미크로네시아 사회의 근대화를 촉진
하는 '진보적' 정책으로 평가한 데 반해 작가 이시카와 다쓰조는 같은
교육 현장에서 "민족의 비극"을 발견했다. 이시카와는 사이판, 야프,
팔라우 등지를 방문한 여행기를 모아 『아카무시 섬 일지(赤蟲島日誌)』
(八雲書店, 1943)를 공간했다.[26] 아래는 그가 팔라우 공학교를 참관했
을 때 목격한 현장이다.

> 교장이 직접 오르간을 연주했다. 몇 번이나 틀린 후에 겨우 한
> 곡이 끝나자 높은 목소리를 한 소녀들의 코러스가 시작됐다. 그
> 것이 훌륭한 일본어였다는 사실에 나는 배신을 당한 느낌이 들었
> 다. 소녀들은 애국행진곡을 부르고, 군신(軍神) 히로세 중좌(廣瀨
> 中佐)[27]를 부르고, 또 고지마 다카노리(兒島高德)[28]를 불렀다. 일
> 본의 전통을 알지 못하는 이 카나카 족 처녀들이 팔굉일우(八紘
> 一宇)의 정신이나 일사보국(一死報國)의 관념을 이해할 리 없다.
> (중략) 소녀들은 소리를 높여 열심히 부르고 있었다. (중략) 나는
> 소녀들이 안쓰러워 가슴이 답답해졌다.(69~70쪽)

1980이 있다.

[26] 이시카와의 방문은 개인적인 동기에 의한 것으로, 미크로네시아에서 사업체를
경영하는 동생을 찾아간 것이었다.

[27] 러일전쟁 시 전사한 군인 히로세 다케오(廣瀨武夫). 그 뒤 '군신'으로 신격화되어
고향인 오이타 현(大分縣) 다케다 시(竹田市)에 히로세신사(廣瀨神社)가 창건되
었다. 1912년 문부성 창가의 하나로 '히로세 중좌의 노래'가 등장했다.

[28] 남북조(南北朝) 시대에 활약한 무장. 에도 시대 이후 '남조의 충신'으로 회자되었
다. 1914년 문부성 창가로 선정되었다.

일찍이 중국 전선에서의 일본군의 잔학성을 고발한 바 있는 이시카와[29]는 팔라우 공학교에서 일본의 교육 정책이 갖는 폭력성을 감지했다. 그는 짧은 체제 기간에도 불구하고 일본의 교육 정책이 미크로네시아 고유의 사회문화적 배경을 무시한 제국주의적 성격을 가진 것이라는 사실을 작가적 감성으로 직감했던 것이다.

교육 현장에서 목격한 원주민의 비극적 현실의 원인을 이시카와는 미크로네시아 사회의 무문자성 속에서 찾았다.

> 남양 도민의 비극은 그들이 문자를 갖지 못한 점에 기인한다. 문자가 없는 민족은 전통이 없다. (중략) 전통이 없는 곳에는 국가도 없다. 카나카 족 흑인들은 벌거벗은 등을 태양에 노출한 채 물고기를 잡고, 원숭이처럼 나무에 올라 야자를 따고, 단지 오늘 이 순간을 짐승처럼 살고 있다. (중략) 그들의 의식에는 과거가 존재하지 않는다. 역사도 없고 선조도 없다. 문자가 없는 곳에 인류는 살고 있지 않는 것이다.(44~45쪽)

이시카와가 미크로네시아에서 발견할 수 있었던 원주민 사회의 "오래된 풍속 습관"이라고는 몸에 아무 것도 걸치지 않은 나체의 남자, 허리를 가렸을 뿐인 반나체의 여자, 목에 검은 색 끈을 매고 있는 성인 여자, 그리고 모계제뿐이었다.(45~46쪽) 그곳은 역사도, 전통도, 국가도, 동족 의식조차도 없는, 식물과 아카무시(赤蟲, 장구벌레)만이 존

---

29) 이시카와는 1937년 중앙공론사(中央公論社) 특파원 자격으로 일본군과 함께 상하이(上海), 쑤저우(蘇州), 난징(南京) 전선에 동행했다. 이시카와는 그 체험을 바탕으로 귀국 후 중국 전선에서 자행된 일본군의 민간인 학살, 강간 등을 그린 작품 『生きている兵隊』(『中央公論』, 1938년 3월)를 발표했다. 그러나 전쟁의 실상을 묘사한 동 작품은 발매금지 처분을 받았다.

재하는 곳이었다. 그가 미크로네시아 제도를 "인문학적으로는 오히려 흥미가 없는 곳"으로 폄하하며 "인간의 섬이라기보다 무성한 식물 속에 인간이 기생하는 섬"(47쪽)이라고 말하는 이유도 문자사회 즉 문명사회를 축으로 세계를 사고했기 때문이었다. 그러나 무문자사회는 인류사회에서 결코 특이한 현상이 아니었다.[30) 문자사회를 중심으로 문명과 세계를 인식하는 이시카와의 태도는 원주민의 '비극'에 대한 동정에도 불구하고 결국 일방통행적인 근대주의적 시선에 지나지 않는 것이었다.[31)

이시카와가 '문자를 갖지 못한 비극'을 이야기한 작가였다면 나카지마 아쓰시는 '문자를 가진 비극'을 이야기한 작가였다. 고대 이집트 아시리아를 무대로 한 1942년의 작품 『문자화(文字禍)』[32)는 인류사회가 문자사회가 되고나서부터 발생한 비극에 대해 말하고 있다.

> 문자의 해는 극에 달하면 인간의 두뇌를 침범하여 정신을 마비시킨다. 문자를 알고 나서부터 직인(職人)은 솜씨가 줄었고, 전사(戰士)는 비겁하게 되었고, 사냥꾼은 사자를 놓치는 경우가 많

---

30) 川田順造, 『無文字社會의 歷史』, 岩波書店, 1976는 언어가 인류에게 보편적인 현상인데 비해 문자는 결코 그렇지 않다는 점을 강조하며 역으로 문자사회를 "인류사의 특수한 발전 형태"로 자리매김하고 있다(4쪽).

31) 원주민 사회에 대한 이시카와의 차가운 시선은 항해 도중 배에서 마주친 오키나와 출신 "매춘부(商賣女)"나 노동자들에 대해서도 마찬가지였다. "그들은 문화를 알지 못했다. 라고하기보다 오히려 문화를 필요로 하지 않았다. (중략) 생활의 향상이라는 생각을 그들은 태어나면서부터 갖고 있지 않았다. 그것은 도쿠가와(德川) 시대부터 몇 백 년에 걸친 압정에 의해 만들어진 성격인지도 모른다."(26쪽) 이러한 발언에서 엿볼 수 있듯이 이시카와는 어디까지나 근대 내지 문명의 시점에서 '변경'을 바라보았다.

32) 『中島敦全集 1』, ちくま文庫, 1993 수록. 이하의 인용은 모두 문고판 『中島敦全集』 (전 3권, ちくま文庫, 1993)에 의한다.

게 되었다. (중략) 獅子라는 글자는 진짜 사자의 그림자가 아닌
가. 그래서 獅子라는 글자를 익힌 사냥꾼은 진짜 사자 대신 사자
의 그림자를 좇고, 女子라는 글자를 익힌 남자는 진짜 여자 대신
여자의 그림자를 안게 되는 것이 아닌가. 문자가 없었던 시절 (중
략) 기쁨도 지혜도 모두 직접 인간 속으로 들어왔다. 지금은 문자
의 베일에 싸인 기쁨의 그림자와 지혜의 그림자밖에 우리들은 알
지 못한다.(42~43쪽)

　나카지마의 작품의 기저에는 문자 내지 문자사회(문명사회)에 대한
근원적인 불신이 존재하고 있었다. '시(詩)'에 집착한 나머지 사람에서
야수로 변해간 이징(李徵)의 비극적 생을 그린 1942년의 작품『산월기
(山月記)』[33]나, 무문자사회에서 문자사회로의 전환을 구송시인(口誦
詩人) 샤크(シャク)의 죽음을 통해 주제화한『호빙(狐憑)』[34] 등은 모두
문자사회 내지 문명사회의 불행, 바꾸어 말해 문자가 탄생하기 이전의
원시사회의 건강함에 대해 이야기한 작품들이었다.[35] 나카지마의 작품
세계에서는 무문자사회(원시사회)의 건강함과 문자사회(문명사회)의
불행이 표리의 관계를 이루며 중요한 한 축을 형성하고 있었다. 사모
아에서 "백인 문명을 하나의 거대한 편견으로 간주하고, 교육받지 못
했지만 정열에 넘치는 사람들과 함께 활보하며 맑은 바람과 태양 아
래서"[36] 생을 마감한 영국의 소설가 스티븐슨(Robert Louis Stevenson)

33)『中島敦全集 1』수록.
34) 1942년 작품.『中島敦全集 1』수록.
35) 나카지마의 문자 및 문자사회 인식에 관해서는 川村湊,「無文字社會の誘い: 中島
　　敦と〈アジア〉的なもの」, 勝又浩・木村一信 편,『昭和作家のクロノトポス: 中島
　　敦』, 雙文社, 1992를 참조.
36)『光と風と夢』(1942년 작품.『中島敦全集 1』수록), 132쪽.

의 일생에 그가 만감의 공감을 표시하는 것도 바로 그러한 이유에서
였다.

문자와 문자사회를 불신하는 나카지마가 1941년 팔라우 남양청의
국어편수 서기로 부임하는 것은 하나의 역설이라고 할 수 있었다. 아
래는 나카지마가 미크로네시아 현지에서 부인 다카(たか)에게 보낸
편지의 일부이다.

> 이번에 여행해 본 결과 토인(土人)의 교과서 편찬이란 일의 무
> 의미함을 확실히 알 수 있었다. 토인을 행복하게 만들기 위해서
> 는 더욱 더 중요한 일이 얼마든지 있다. 교과서 따위는 미비한 일
> 에 지나지 않는다. 그러나 지금은 토인들을 행복하게 해줄 수 없
> 다. 현재 남양 사정은 그들에게 주거와 음식을 충분히 공급해주
> 기 어렵게 되어가고 있다. 그런 상황에서 교과서 따위를 조금 좋
> 게 해본들 무슨 소용이 있겠는가. 섣불리 교육을 행하는 일은 토
> 인들을 불행하게 만들지도 모른다. 나는 편찬 일에 열의를 완전
> 히 상실하고 말았다. 토인이 싫어서가 아니라 그들을 사랑하기
> 때문이다.[37]

나카지마가 미크로네시아에서 목격한 것은 문명과 야만의 이분법
에 입각한 폭력적인 교육 현장과 원주민의 최소한의 생활조차 보장하
지 못하는 일본 통치의 현실이었다. "도무지 인간의 자식을 대한다고
는 생각할 수 없는"[38] 위압적인 공학교 교육의 현실. 그리고 "토인을
노동자로 혹사시키면서도 아무런 거리낌이 없는 위정자의 방침."[39]

---

37) 1941년 11월 9일자 中島たか 앞 서한. 『中島敦全集 2』, 471~472쪽.
38) 1941년 12월 2일자 中島たか 앞 서한. 『中島敦全集 2』, 489쪽.

나카지마가 미크로네시아에서 본 것은 이러한 불평등한 근대의 모습들이었다.[40]

나카지마가 생각할 때 문명과 야만의 이분법에 입각하는 근대화·문명화 프로젝트는 아무에게도 행복을 가져다주지 못하는 것이었다. 1942년의 작품『마리안(マリヤン)』[41]에서 그는 식민지 미크로네시아의 정황을 다음과 같이 묘사하고 있다.

> 여기는 열대적인 것도 온대적인 것도 모두 아름답지 못하다. 아니 아름다움－열대미(熱帶美)도 온대미(溫帶美)도－이라고 하는 것이 전혀 존재하지 않는다. 열대적인 미도 여기서는 온대문명에 의해 거세를 당해 시들어 버렸고, 온대적인 미도 그에 어울리지 않게 열대적 풍토와 자연 아래서 약한 모습을 드러내고 있다. 이 마을에 존재하는 것은 단지 식민지의 종말과 같은 느낌의 퇴폐적이면서 묘하게 허세를 부리는 그러한 나약함뿐이다.(81쪽)

갈색 피부에 하얀 드레스를 걸치고 피에르 로티(Pierre Loti)의 작품집을 읽는 원주민 여성 마리안(マリヤン)의 모습이 문명적 거세에 시들어버린 열대미라면, "미크로네시아의 현실을 보지 않고 고갱의 복제(複製)"[42]만을 좇는 문명인의 남국취미(Tropicalism)는 허세에 가득

---

39) 1941년 11월 6일자 中島田人(부친) 앞 서한.『中島敦全集 2』, 466쪽.
40) 나카지마가 남양청에 부임한 것은 1941년 6월의 일이었다. 미일개전 전야였던 당시, 미크로네시아는 이미 대동아공영권의 일부로 편입되어 '태평양의 부성(浮城)'으로 회자되고 있었다. 이런 상황에서 나카지마는 가장 억압적인 시기의 통치를 목격했던 것이다. 한편 교과서 편찬 일에 열의를 상실한 그는 그 뒤 당시 미크로네시아에 거주하고 있던 예술가 히지카타 히사카쓰와 교류하며 원주민 예술과 민속 연구에 몰두한다. 이에 관해서는 川村湊,『「大東亞民俗學」の虛實』에 상세한 서술이 있다.
41)『中島敦全集 2』수록.

찬 온대미의 전형이었다. 그러한 것들은 모두 불평등한 근대가 낳은 부자연스러운 근대의 모습들이었다.

나카지마는 무문자사회(야만)의 입장에서 문자사회(문명)을 상대화한 경계적 지식인이었다. 그렇다고 나카지마가 남양의 현실을 보지 않고 전(前) 문명 혹은 탈(脫) 문명의 환영을 미크로네시아에서 찾으려 한 것은 아니었다. 국어편수 서기라는 직책은 미크로네시아 사회에서 그가 정복자 내지 문명인의 일원이라는 사실을 상기시키는 데 충분했고, 그는 또 실지 체험을 통해 "미개란 결코 건강하지도 않고 (중략) 문명도피처럼 위험한 것도 없다"(76쪽)는 중요한 사실을 이미 깨닫고 있었다.

나카지마는 미크로네시아의 현실을 직시하고는 "로티와 멜빌이 그린 폴리네시아의 빛바랜 재현"(76쪽)을 쫓아 온 자신의 문명도피행을 스스로 비판하고, 사모아에서 스티븐슨이 취한 태도, 즉 "여행자의 호기심이 아니라 한 명의 거주자로서 애착을 갖고 섬과 섬사람들을 사랑하는"[43] 입장을 획득하는 데 성공했다. 미크로네시아를 소재로 한 작품집 『남도담(南島譚)』[44]에는 문화적 이질감에서 비롯하는 "알 수 없는(判らない)" 타자 미크로네시아[45]와 그럼에도 불구하고 같은 인간으로서 교감할 수 있는 보편사회로서의 미크로네시아[46]가 공존하고 있었다. 이해 불가능한 타자 미크로네시아에서 출발하여 보편사회 미크로네시아에 도달한 나카지마의 타자 발견 회로는 보편을 전제로

---

[42] 『眞晝』(1942년 작품, 『中島敦全集 2』 수록), 76쪽.
[43] 『光と風と夢』, 165쪽.
[44] 『南島譚』, 今日の問題社, 1942, 『中島敦全集 2』 수록.
[45] 『夫婦』, 『眞晝』, 『ナポレオン』 등과 같은 작품이 대표적이다.
[46] 『鷄』 등.

한 폭력적인 근대화 · 문명화 프로젝트와는 정반대의 코스였다고 할
수 있다.

5. 맺음말

이시카와 다쓰조는 『아카무시 섬 일지』에서 자신의 미크로네시아
방문 동기에 대해 다음과 같이 이야기하고 있다.

> 남방을 여행하기 위해 나는 아무런 준비도 하지 않았다. 이렇
> 다 할 목적조차 없었다. 미지의 미개한 토지에 대한 단순한 호기
> 심이었는지도 모른다. (중략) 나의 혈액 속에는 무언가 남방에 끌
> 리는 일종의 결함과 같은 성격이 있는지도 모른다. 10년 전 남미
> 를 여행한 적이 있는데 그때도 아무런 목적이 없었다. 나로 하여
> 금 목적도 없이 반년에 걸친 여행을 하게 한 것은 정체를 알 수
> 없는 울적한 청년적 호기심이었다.(3~4쪽)

미개에 대한 호기심과 정체를 알 수 없는 울적한 청년적 감성. 이
같은 동기는 비단 이시카와뿐만 아니라 당시 문명사회에 지친 지식인
들에게 보이는 일반적 현상이기도 했다. 문명에 대한 회의와 권태는
야만에 대한 동경과 공감을 불러일으켜, 미지의 남방은 때때로 '구제
의 섬, 치유의 섬'[47]으로 이미지화되었다. 이시카와의 동기도 결국 그

---

47) 川村湊, 『南洋 · 樺太の日本文學』, 筑摩書房, 1994, 90쪽. 근현대 일본의 '남양 문
학'과 '북방 문학'을 총체적으로 분석한 이 작품은 권말 수록의 「南洋文學年表」,
「北方文學年表」와 함께 일본 근현대 문학과 '변경'을 생각할 때 출발점이 되는
역작이다.

러한 문명도피와 야만에 대한 동경에서 비롯하는 일종의 남국취미였다고 할 수 있을 것이다.[48] 실제로 그는 미크로네시아에 대한 인문학적 성찰을 포기하고 사냥과 자연 관찰로 나날을 보냈다. 공학교에서 목격한 "원주민의 비극"은 일시적 감정의 고양에 불과했던 것이다.

그에 비해 나카지마 아쓰시는 미크로네시아가 처한 식민지적 현실을 목격하고 "고갱의 복제"를 좇아 온 자신의 문명도피행을 비판하며 미크로네시아 제도를 문명과 근대를 재고하는 공간으로 승화시켰다. 나카지마의 이문화 교섭을 통한 자기 재생의 구체적인 내용이 "알 수 없는" 타자의 발견과 근대화·문명화 프로젝트의 상대화였다는 점은 이미 언급한 바와 같다.

그러나 나카지마의 경험은 그 후 일본 사회에 계승되지 못했다. 일본의 패전과 함께 미국의 신탁통치 하에 들어간 미크로네시아 제도는 여느 일본 식민지와 같이(혹은 여느 식민지보다 더) 일본인의 기억 속에서 사라져, 식민지 청산의 문제를 생각할 때도 미크로네시아를 전쟁책임의 대상으로 인식하는 일은 거의 없었다.[49] 미크로네시아는 근

---

48) 가와무라 미나토는 공포의 대상으로서의 야만과 동경의 대상으로서의 야만이 동전의 양면과 같은 관계에 있고, 그것은 모두 남양에 대한 고정적인 이미지("남양판 오리엔탈리즘")에 입각하고 있다는 점을 명확히 밝히고 있다(川村湊, 「大衆オリエンタリズムとアジア認識」, 『岩波講座 近代日本と植民地 제7권 』, 岩波書店, 1993). 한편 이승원, 『세계로 떠난 조선의 지식인들: 100년 전 그들은 세계를 어떻게 인식했을까?』, 휴머니스트, 2009의 제5장 「동남아시아, 원시림에 대동아의 깃발을 꽂다」에는 식민지 조선인들의 '남방열'에 대한 간단한 소개가 있다. 그에 따르면 당시 조선의 지식인들도 '남양판 오리엔탈리즘'을 공유하고 있었다는 사실을 알 수 있다. 근대 일본의 남양 표상에 관한 연구로는 千住一, 「ミクロネシアおよび南洋群島表象の歴史的變遷」, 『島嶼硏究』제3호, 2002이 있다.
49) 이 중요한 사실을 지적한 연구로 今泉裕美子, 「〈日本軍による支配の實態と抵抗〉 ミクロネシア」, 『歷史評論』, 1992년 8월; 後藤乾一, 『近代日本と東南アジア: 南進の「衝擊」と「遺産」』이 있다.

대인의 문명관과 세계상을 되묻는 해역 공간에서 다시금 지도상에 망망한 바다만이 표시되는 텅 빈 공간으로 남게 된 것이다. 오늘날 우리들이 나카지마 아쓰시의 미크로네시아 경험을 회고하는 이유는 바로 여기에 있다.

참고문헌

이승원, 『세계로 떠난 조선의 지식인들: 100년 전 그들은 세계를 어떻게 인식했을
　까?』, 휴머니스트, 2009.

이종찬, 『열대와 서구: 에덴에서 제국으로』, 새물결, 2009.

조성윤, 『남양군도: 일본제국의 태평양 섬 지배와 좌절』, 동문통책방, 2015.

문명기, 「왜 『帝國主義下の朝鮮』은 없었는가?: 야나이하라 타다오(矢內原忠雄)의
　식민(정책)론과 대만, 조선」, 『사총』 85, 2015.

박양신, 「식민정책학의 신지평과 만주문제 인식: 야나이하라 다다오(矢內原忠雄)
　를 중심으로」, 『만주연구』 21, 2016.

조영준, 「나카지마 아쓰시의 남양(南洋)관에 대한 소론: 「닭(鷄)」을 중심으로」,
　『인문연구』 78, 2016.

川名卷, 「日本の舊統治領南洋群島での日本語敎育の一考察: サイパン島での聞き
　取り調査から」, 『일본문화학보』 31, 2006.

崔俊鎬, 「中島敦と南洋群島: 〈南島譚〉と〈環礁〉を中心に」, 『일본어문학』 71, 2016.

淺田喬二, 『日本植民地硏究史論』, 未來社, 1990.

川田順造, 『無文字社會の歷史』, 岩波書店, 1976.

川村湊, 『南洋・樺太の日本文學』, 筑摩書房, 1994.

川村湊, 『「大東亞民俗學」の虛實』, 講談社選書メチエ, 1996.

川村湊, 『狼疾正傳: 中島敦の文學と生涯』, 河出書房新社, 2009.

後藤乾一, 『近代日本と東南アジア: 南進の「衝擊」と「遺産」』, 岩波書店, 1995.

淸水元, 『アジア海人の思想と行動: 松浦黨・からゆきさん・南進論者』, NTT出版,
　1997.

鈴木常勳, 『南洋探檢實記』, 1892(1980년 平凡社東洋文庫).

鈴木常勳, 『南島巡航記』, 1893.

鈴木常勳, 『南洋風物誌』, 1893.

『ちくま日本文學: 中島敦』, 筑摩書房, 2008.

恒屋盛服, 『海外殖民論』, 1891.

等松春夫, 『日本帝國と委任統治: 南洋群島をめぐる國際政治 1914-1947』, 名古屋
　　　大學出版會, 2011.

『中島敦全集 1』, ちくま文庫, 1993.

『中島敦全集 2』, ちくま文庫, 1993.

『中島敦全集 3』, ちくま文庫, 1993.

服部徹, 『南洋策』, 1891.

矢内原忠雄, 『帝國主義下の台灣』, 岩波書店, 1929.

矢内原忠雄, 『南洋群島の研究)』, 岩波書店, 1935.

矢野暢, 『「南進」の系譜』, 中公新書, 1975.

矢野暢, 『日本の南洋史觀』, 中公新書, 1979.

今泉裕美子, 「〈日本軍による支配の實態と抵抗〉: ミクロネシア」, 『歷史評論』 1992
　　　년 8월.

今泉裕美子, 「南洋群島委任統治政策の形成」, 『岩波講座 近代日本と植民地 4』, 岩
　　　波書店, 1993.

今泉裕美子, 「南洋廳の公學校教育方針と教育の實體: 一九三〇年代初頭を中心に」,
　　　『沖繩文化研究』 1996년 2월.

川村湊, 「無文字社會の誘い: 中島敦と〈アジア〉的なもの」, 勝又浩・木村一信 편,
　　　『昭和作家のクロノトポス: 中島敦』, 雙文社, 1992.

川村湊, 「大衆オリエンタリズムとアジア認識」, 『岩波講座 近代日本と植民地 7』,
　　　岩波書店, 1993.

佐伯康子, 「松江春次論南洋興發の發掘と崩壞」, 『名古屋明德短期大學紀要』 제3호,
　　　1992.

隅谷三喜男, 「解說」, 矢内原忠雄, 『帝國主義下の台灣』, 岩波書店, 1988.

千住一, 「ミクロネシアおよび南洋群島表象の歷史的變遷」, 『島嶼研究』 제3호, 2002.

田中良一, 「救濟としての植民?: 矢内原忠雄における傳道の植民政策學」, 『相關社
　　　會科學』 21, 2011

等松春夫, 「日本の國際連盟脫退と南洋群島委任統治問題をめぐる論爭: 1932-33」,
　　　『早稻田大學大學院法研論集』 제66호, 1993.

等松春夫, 「南洋群島委任統治繼續をめぐる國際環境 一九三一 - 三五 戰間期植民地支配體制の一斷面」, 『國際政治』 122호, 1999년 9월.

『南洋群島寫眞帖』, 南洋廳, 1932.

Mark Robert Peattie, 「日本植民地支配下のミクロネシア」, 『岩波講座 近代日本と植民地 1』, 岩波書店, 1992.

村上勝彦, 「矢內原忠雄における植民地論と植民政策」, 『岩波講座 近代日本と植民地 4』, 岩波書店, 1993.

森久男, 「解說」, 鈴木常勳, 『南洋探檢實記』, 平凡社東洋文庫, 1980.

我部政明, 「日本のミクロネシア占領と「南進」」, 『慶應大學法學研究』 55권 7호, 1982.

和田春樹, 「戰後日本における社會科學研究所の出發」, 『社會科學研究』 32-2, 1980.

제6장

재조일본인 2세의 식민지 경험: 식민 2세 출신 작가를 중심으로

제 6 장 재조일본인 2세의 식민지 경험: 식민 2세 출신 작가를 중심으로

1. 재조일본인 연구의 현 단계와 이 논문의 목적

근대 시기 재조일본인에 대한 연구가 새로운 국면을 맞이하고 있다. 부산 거주 일본인에 관한 연구에 한정해 보더라도, "개항장을 지배와 피지배, 수탈과 피수탈의 관계만이 아니라 다양한 출신의 사람들이 만나고 섞이면서 만들어내는 '섞임의 공간'으로" 이해하려는 차철욱·양흥숙, 「개항기(開港期) 부산항(釜山港)의 조선인과 일본인의 관계 형성」의 문제관심은, 재조일본인 연구를 "결코 이방인에 대한 연구가 아니라 우리 자신들에 대한 연구"로 자리매김하는 김승, 「개항 이후 부산의 일본거류지 사회와 일본인 자치기구의 활동」[1]의 입장과 함께, 적어도 이주 일본인들을 '침략의 첨병'으로만 바라보는 연구와 관점을 달리한다.

이러한 문제의식은 다카사키 소지(高崎宗司)의 연구[2]에 있어서도

1) 두 논문 모두 인하대학교 한국학연구소 편, 『동아시아 개항도시의 형성과 네트워크』, 글로벌콘텐츠, 2012에 수록.

마찬가지이다. 조선 지배를 저변에서 지탱한 사람들의 생생한 육성을
통해 "풀뿌리 침략"의 전체상에 접근하려는 다카사키의 작품은 일본
인 식민자들을 '대국주의적 침략자'라는 말 속에 해소하는 데 대해 경
계심을 표명하고 있다. 한마디로 식민지시기 연구는 '수탈과 근대화'
라는 이분법적 틀에서 벗어나 새로운 전기를 맞이하고 있는 것이다.

　이 장은 재조일본인을 세대적으로 구분하여, 그중에서도 주로 식민
2세들이 남긴 문학 작품이나 회상기를 통해 그들의 삶과 의식 구조
등을 살펴보는 것을 목적으로 한다.[3] 식민 2세란 어린 시절 식민지로
이주해 성장했거나 또는 식민지에서 출생한 사람을 지칭하는 말로,
그들 대부분은 패전 이후 일본으로 되돌아갔다.[4] 여기서 식민 1세와
2세를 구분하는 이유는 두 세대 사이에 보이는 의식의 차이에 주목하
기 때문이다. 중국 근현대 사상사 연구자로 유명한 니시 준조(西順藏)
는 1942년 경성제국대학 조교수로 부임해 3년간 경성에서 생활한 적이
있었다. 후일 그는 조선에서의 생활을 회고하여 다음과 같이 말했다.

　　　그(니시의 하숙집 근처에 살고 있던 일본인 학생: 인용자)는
　　부모의 출신지가 가고시마(鹿兒島)인 관계로 때때로 '귀향'했다.
　　여름방학이 끝나고 배가 부산에 가까워지면 산들이 보이기 시작
　　했고, 그는 이때 마음이 편안해지고 그리운 곳으로 되돌아왔다는

---

2) 高崎宗司, 『植民地朝鮮の日本人』, 岩波新書, 2002(이규수 역, 『식민지 조선의 일
　본인: 군인에서 상인 그리고 게이샤까지』, 역사비평사, 2006). 이하, 이 책에서의
　인용은 원서에 의함.
3) 여기서는 주로 재조일본인 2세들의 작품을 분석 대상으로 하지만 다른 지역, 예
　를 들어 중국 다롄(大連) 출신 작가들의 작품도 같이 거론할 예정이다.
4) 1945년 당시 70만을 넘던 재조일본인들의 수는 패전 이후 급격히 감소하여 단숨
　에 소멸했다. 尹健次, 「植民地日本人の精神構造」, 『孤絶の歷史意識: 日本國家と
　日本人』, 岩波書店, 1990 참조.

느낌이 든다고 했다. (중략) 나의 경우 휴가 때 시모노세키(下關)
에 도착해 산요선(山陽線)을 달리는 기차의 창밖 풍경을 바라보
면서 이 학생과 같은 생각을 했다. 그리고 귀임하여 부산에 도착
하면 그 경관으로 인해 마음이 고립되고, 실제로 그것을 빈약하
다고 생각했고 또 혐오했다. 이런 모든 일은 나중에 나를 괴롭히
게 되었다.[5]

식민지의 풍경을 바라보는 1세와 2세의 시선은 서로 극명한 대조를
보이고 있었다. 니시와 '그'가 연령적으로 얼마나 떨어져 있었는지 알
수는 없지만 일본에서 성장하여 조선으로 건너간 니시의 식민지 풍경
에 대한 위화감은 바로 식민 1세들의 경험이기도 했다. 그러나 니시
는 얼마 안 가 자신의 귀속의식과 풍경 사이의 괴리감에서 벗어날 수
있었을 것이다. 비록 국가의 패전이라는 값비싼 대가를 치르고 나서
의 일이었지만 어쨌건 일본으로 되돌아갈 수 있었기 때문이다. 그에
비해 괴리감은 이번에는 일본인 학생의 몫이 되었을 것이다. '그'가 그
뒤 어떤 인생을 살았는지 알 수 없지만 만약 일본으로 되돌아갔다면
이번에는 그 일본인 학생이 풍경과의 위화감 속에서 살아가야 했을
것이기 때문이다. 역동적인 역사 경험 속에서 형성된 식민 2세들의
의식구조는 복잡한 양상을 보이고 있었다. 1924년 경성에서 태어난
식민 3세 출신 시인 무라마쓰 다케시(村松武司)는 자신의 정체성을
다음과 같이 이야기했다.

5) 西順藏, 『日本と朝鮮の間: 京城生活の斷片, その他』, 影書房, 1983, 104쪽.

나는 현재 47살로, 인생의 전반부를 식민지 조선에서 살았다. 그리고 후반부를 일본에서 보냈다. 그렇다고 전반부를 조선인적, 후반부를 일본인적이라고 말하는 것은 이상하다. 그런 식으로 이 야기한다면 오히려 다음과 같이 말하는 편이 정직하다 할 것이 다. "나는 조선에서 태어나서 자신이 일본인이길 바랬다. 그러나 일본으로 돌아왔을 때 비로소 자신이 일본인이 아님을 자각하게 되었다." 즉 예나 지금이나 반(半)일본인·반(半)조선인이다.[6]

식민 지배의 책임 분담자로서 강렬한 제국의식과 사명감으로 무장한 식민 1세들이 돌아갈 조국을 갖고 있었던 데 비해, 식민지에서 태어나 자란 2세들에게 고국은 환상 속에서나 존재하는 의식적인 것에 지나지 않았다. 그들은 일본인이면서 일본을 몰랐다. 타자들로 둘러싸인 '살풍경스럽고 불결한' 식민지에 살고 있다는 사실을 안타깝게 생각했다. 식민 2세들은 태어나면서부터 고향상실자이자 경계인이었던 것이다. 고향상실자라는 자의식과 식민지적 차별과 수탈 위에 존재하는 그들의 생활은 식민 2세들을 나약하고 무능한 세대로 만들어 갔다.

식민 2세의 경계인으로서의 삶은 패전 이후 그들이 조국으로 되돌아갔을 때도 마찬가지였다. 자신들을 식민지에서 돌아온 '비국민(非國民)' 정도로 바라보는 차가운 시선 속에서 그들의 '전후'는 시작되었다. 1970년대부터 출현하기 시작한 식민 2세들에 의한 회상기와 추억담은 패전 직후의 기아 상태와 곧이어 시작된 고도성장 속에서 해소된 듯했던 전후 일본 사회에 대한 식민 2세들의 위화감이 여전히 존재하고

---

6) 村松武司, 『朝鮮植民者: ある明治人の生涯』, 三省堂, 1972, 12쪽.

있었다는 사실을 말해주고 있다. 앞에서 소개한 무라마쓰 다케시는 그러한 경계인으로서의 아이덴티티를 의식적으로 선택하며 '반조선인'의 입장에 서서 제국 일본을 고발하고, '반일본인'의 입장에서 전후 일본을 비판했다.

일본제국주의의 부의 유산인 식민 2세는 전후 일본 사회가 망각해온 식민지의 기억을 되살리는, 다시 말해서 제국 일본과 현대 일본을 가교하는 존재이기도 하다. 이 장이 재조일본인 2세의 역사에 주목하는 이유는 바로 여기에 있다.[7]

2. 1세와 2세

일본인 식민자 수가 당해 지역과 일본의 정치적 관계 여하에 따라 달라지는 것은 당연한 일이었다. 앞서 언급한 다카사키의 연구에 의하면 조선의 경우도 러일전쟁 후 보호조약을 전기로 하여 재조일본인이 격증했다.[8] 그런 만큼 초기 이주자들은, "내지인 한 명 한 명이 조

---

[7] 재조일본인 2세의 사상과 정신 구조에 관한 연구로는 高崎宗司, 『植民地朝鮮の日本人』; 尹健次, 「植民地日本人の精神構造」; 梶村秀樹, 「植民地と日本人」, 『梶村秀樹著作集 第一卷』, 明石書店, 1992 등이 있다. 한편 본론을 시작하기에 앞서 이 장에서 언급하는 식민 2세 출신 작가들이 일본 사회에서 어디까지나 소수에 불과하다는 사실을 밝혀둘 필요가 있을 것이다. 다시 말해 여기서 분석하는 작가들은 재조일본인 전체의 사고나 정신 구조를 대표하는 것이 아니라 오히려 '소수자'로서 전후 일본 사회가 망각해온 식민지의 기억을 되살리는 존재라고 할 수 있다.

[8] 홍순권, 「일제시기 부산지역 일본인사회의 인구와 사회계층연구」, 『역사와 경계』 51, 2004도 부산 거주 재조일본인 인구 증가의 주요 원인이 "자연 증가"보다는 "사회적 요인"에 의한 것이라는 점을 지적하고 있다.

선 통치의 책임 분담자라는 생각을 갖고 일시동인(一視同仁), 내선융화(內鮮融和)의 성지를 받들어"(동양척식회사에 입사한 이노마타 쇼이치(猪又正一)의 발언)[9] 운운하는 예에 보이는 것처럼, 강한 제국의식의 소유자였다. 식민 1세들에게 흔히 볼 수 있는 식민 지배에 대한 강렬한 책임감, 국가와 자신을 동일시하는 태도 등은 그들의 생활의 안정을 보장하는 궁극적인 근거가 식민 권력의 폭력에 있는 한 자연스런 현상이었다.

이러한 식민 권력과의 일체감은, 초기 식민자의 대부분이 정치가, 식민지 관료, 어용상인, 일확천금을 노리는 모험상인 등을 제외하고는 대부분 규슈(九州) 주변 지역 출신의 빈민 내지 빈농[10]이었다는 점을 생각할 때, 본국에서의 박탈감을 식민지에서 보상받으려는 심리와 연쇄하고 있었다고 할 수 있다. 무라마쓰 다케시는 자신의 외조부이자 '조선식민자'였던 우라오 분조(浦尾文藏)에게 있어서의 식민지의 의미를 다음과 같이 말했다.

> 맏형들에게 모욕을 당해온 한 작은 남자가 탈출을 시도했다. 그곳에 식민지가 있었다. 그것은 우연이 아니었다. 오랫동안 숨죽이며 살아온 소심한 아무개라 할지라도 식민지에만 가면 자신의 위광을 의식할 수 있었다. 누구나 그랬다. 예외는 없었다. 이

---

9) 猪又正一, 『私の東拓回顧錄』, 龍溪書舍, 1978. 高崎宗司, 『植民地朝鮮の日本人』, ii쪽에서 재인용.
10) 이에 관해서는 高崎宗司, 『植民地朝鮮の日本人』; 홍순권, 「일제시기 부산지역 일본인사회의 인구와 사회계층연구」; 木村健二, 『在朝日本人の社會史』, 未來社, 1989 등을 참조. 식민 1세 이주자들은 일본 국내의 농민층 분해 과정 등에서 발생한 기민('과잉 인구')의 성격이 강했다. 한마디로 국내적 모순의 외부적 해소로서 식민 1세들의 이주가 있었던 것이다.

　　　런 의미에서 한사람의 일본인에게 조선은 부활의 장소이자 무대
　　　였다. 이제 막 개국을 한 일본이 비약과 영광을 의식할 수 있는
　　　무대가 이곳 말고 또 어디에 있었단 말인가.[11]

　식민지는 "분조가 여기에 있다"는 사실을 확인할 수 있는 장소이자,
"암흑이 영광으로 바뀌는"(102쪽) 재생의 터였다. 재조일본인들의 80퍼
센트가 도시 생활자였다는 사실,[12] 현지인에 대한 노골적인 차별,[13]
생활·교육·문화 공간의 일상적인 분리(이와 관련해서는 나중에 다
시 언급) 등은 그러한 보상 심리의 결과였다. 그러나 지배의 안정과
함께 식민지가 갖는 기회의 땅으로서의 매력은 점차 사라져갔다.
1927년 진주에서 태어난 고바야시 마사루(小林勝)는 소설『무명의 기
수들(無名の旗手たち)』[14] 안에서 식민지 사회를 다음과 같이 그리고
있다.

　　　친구들은 대부분 소탈하고 소심한, 야망을 상실한 남자들이었
　　　다. 그들도 나의 경우처럼 어린 나이에 고향을 뛰쳐나왔다. 그 때
　　　는 아마도 미지의 세계에 뛰어들어 자신의 능력을 시험해보고자
　　　하는 용기와, 형태는 없지만 그래도 희망이라고 부를 수밖에 없
　　　는 생각을 품고 있었음에 틀림이 없다. 그러나 막상 와보니 이곳

---

11) 村松武司,『朝鮮植民者: ある明治人の生涯』, 102쪽.
12) 尹健次,「植民地日本人の精神構造」. 8쪽.
13) 한 예로 재일문학자 김달수의 자서전『わがアリランの歌』, 中公新書, 1977에는
　　"사냥총을 든 채 사냥개를 끌고"(8쪽) 마을에 나타나는 일본인 고리대금업자에
　　관한 묘사가 있다. 식민자의 폭력적인 행동에 관해서는 高崎宗司,『植民地朝鮮
　　の日本人』; 尹健次,「植民地日本人の精神構造」 등도 언급하고 있다.
14) 小林勝,『チョッパリ』, 三省堂, 1970. 이원희 역,『쪽발이: 고바야시 마사루 작품
　　집』, 소화, 2007. 이하, 이 책의 인용은 원서에 의함.

　　은 생전 처음 보는 조선이고, 언어·풍속은 물론 풍경에 이르기
　　까지 모든 것이 달라 거대한 미지의 세계처럼 생각되었지만, 능
　　력을 시험해 볼 세계는 이미 어디에도 남아있지 않다는 사실을
　　알았다. 정치·경제의 거대한 골격이 꽉 짜여 있었다.(103쪽)

　사카모토 유이치(坂本悠一)와 기무라 겐지(木村健二)의 공동 연구
『近代植民地都市 釜山』[15]은 『쇼와 5년 조선 국세조사 보고(昭和五年
朝鮮國勢調査報告)』 분석을 통해 1930년 당시 부산에 재류하는 일본
인 가운데 조선 출생자가 약 30퍼센트를 점하는 "2세의 시대"(36쪽)가
시작되고 있었음을 밝히고 있다. 식민 2세의 탄생과 함께 조선은 "비
약과 영광을 의식하게 하는"[16] 역동적인 기회의 땅에서, 고리대금업
이나 하면서 "싼 월급이라도 하녀를 거느리고 누구의 눈치도 볼 것 없
이 여유롭게 살아갈 수 있는"[17] 소시민의 땅으로 변모해갔다. 고바야
시가 묘사한 식민지 사회는 식민 지배가 안정된 '꽉 짜인' 조선의 지방
사회였다. 고바야시는 소설 속에서 식민 2세들을 아래와 같이 묘사했다.

　　마을의 일본인 아이들은 대부분 조선에서 태어났다. 그들은 자
　　신의 아버지나 선조들이 일꾼이었다는 사실을 알지 못한다. 무리
　　도 아니었다. 몸을 쓰는 일은 아무리 싼 임금일지라도 현금이 필
　　요한 조선인들의 몫이었다. (중략) 명실 공히 식민지 2세가 탄생
　　한 것이다. 장래 이 아이들이 어떤 인간으로 성장해갈지 나는 도
　　무지 알 수가 없었다.[18]

....

15) 坂本悠一·木村健二, 『近代植民地都市 釜山』, 櫻井書店, 2007.
16) 村松武司, 『朝鮮植民者: ある明治人の生涯』, 102쪽.
17) 小林勝, 『チョッパリ』, 115쪽.
18) 小林勝, 『チョッパリ』, 111~112쪽.

식민 2세의 생활자로서의 나약함은 많은 부분 그들을 둘러싼 생활
환경에서 비롯하는 것이었다. 고바야시도 지적하는 것처럼 많은 일본
인 가정이 조선인 하녀를 거느리는 이유는 임금이 싸다는 것도 있었
지만 "조선인 하녀를 거느리는 쾌감과 주위에 대한 허세"[19]가 작용하
고 있었기 때문이다. 다카사키 소지가 소개하는 한 연구 결과[20]에 의
하면, 35명의 전 재조일본인을 조사한 결과 35명 가운데 26명의 가정
이 조선인 하녀를 거느렸고, 그들 대부분은 조선인 하녀를 마치 "인격
이 없는 도구나 로봇"[21]처럼 대했다고 한다. 식민지 사회 위에 기생하
는 식민자의 모습은 대구에서 태어나 어린 시절을 경주에서 보낸 모
리사키 가즈에(森崎和江)의 회고 속에서도 찾아볼 수 있다.

> 우리들의 대화 속에는 집에서도 학교에서도 논밭에 관한 이야
> 기가 없었다. 쌀농사를 짓는 가정은 친구들 중 한 집도 없었다.
> 논밭일은 생활과 관련이 없을 뿐 아니라 아이들의 계절 감각과도
> 아무런 관계가 없었다. 모내기를 끝낸 파릇파릇한 논을 보고서도
> 그것이 벼인지 보리인지도 모르는 불가사의한 일이 나의 어린 시
> 절을 장식하고 있다.[22]

이렇게 자라난 식민 2세들은 "끝내 노동자가 될 수 없었다."[23] 1933

19) 小林勝, 『チョッパリ』, 110쪽.
20) 미발표 논문 井黑美佳, 「植民地體驗を省みて」.
21) 高崎宗司, 『植民地朝鮮の日本人』, 186쪽.
22) 森崎和江, 『慶州は母の呼び聲』, ちくま文庫, 1991, 71쪽. 초출은 新潮社, 1984. 재
조일본인의 직업별 인구 가운데 농업 및 목축업 인구 비율이 매우 낮았다는 점
은 梶村秀樹, 「植民地と日本人」; 홍순권, 「일제시기 부산지역 일본인사회의 인구
와 사회계층연구」 등이 지적하고 있다.
23) 村松武司, 『朝鮮植民者: ある明治人の生涯』, 104쪽. 무라마쓰는 다른 저작에서

년 경성에서 태어나 전후 일본 사회에서 저널리스트, 작가 등으로 활동한 혼다 야스하루(本田靖春)는 패전 후 처음으로 조국의 모습을 보고 느낀 점을 다음과 서술하고 있다.

> 또 하나 놀라운 일은 말을 끄는 남자들이 모두 일본인이었던 사실이다. 그것은 도저히 믿기지 않는 일이었다. 다시 주위를 살펴보니 우리들에게 물건을 팔기 위해 노점을 열어놓은 여자들도, 바쁘게 하역 작업을 하는 항만 노무자들도, 모두 일본인이었다. 나는 어머니에게 물었다. "정말로 이 사람들이 일본인이야? 모두 일본 사람이야?" 경성에서는 "몸을 쓰는 일"을 하는 사람은 모두 조선인이었다. (중략) 어머니는 대답했다. "그래. 여기는 일본이야. 마음이 놓이는구나. 어디를 둘러봐도 일본인뿐이어서."[24]

식민지 사회는 최고 정점에 식민지 관료와 국책회사 관계자, 그 아래에 민간회사 종사자와 식민지에서 성공을 거둔 식민자산가, 또 그 하부에 일반 중소 상공업자와 고리대금업자, 그리고 가장 저변에 조선인 노동자가 있는 피라미드형 구조를 하고 있었다. '재생의 터'로서의 식민지는 식민 1세들에게 '영광과 비약'을 가져다주었지만, 수탈과 억압 위에 존재하는 식민지 사회를 이미 주어진 여건으로 하여 성장한 2세들을 점차 나약한 존재로 만들어갔다.

"식민지에서 일본인 노동자계급을 만난 적이 없었다"고 말했다(村松武司, 『遥かなる故郷: ライと朝鮮の文學』, 皓星社, 1979, 238쪽).

[24] 本田靖春, 『私のなかの朝鮮人』, 文春文庫, 156~157쪽. 초출은 文藝春秋, 1974. 이 같은 예는 혼다의 경우 외에도 다수 존재한다. 중국 다롄에서 태어나 패전 이후 작가로서 활동한 센다 가코(千田夏光)의 여동생도 "일본의 항구에 도착한 후 첫 마디가 '어머나! 어머! 저기 일본인이 일하고 있어'라는 말이었다."(千田夏光, 『植民地少年ノート』, 日中出版, 1980, 161쪽).

식민 2세는 생활자로서 뿐만 아니라 식민자로서도 나약한 세대였다. 앞서 이야기한 바와 같이 1세들이 돌아갈 조국을 가진 데 비해 식민지에서 태어나 자란 2세들에게 일본은 "언젠가는 돌아가야 할 토지, 식민자를 현혹하는 아름다운 고향"[25]으로 존재하고 있었다. "여기에는 없지만 저기 멀리 존재하는 하나의 신성한 토지"(108쪽)로서의 조국은 식민 2세들에게 환상 속에서나 존재하는 의식적인 것에 지나지 않았다. 무라마쓰 다케시는 이렇게 말했다.

> 나는 일본인에 둘러싸여 있었지만 일본을 몰랐다. 조선인 친구는 거의 없었지만 조선에서 살고 있었다. 이러한 입장의 일본인은 자신들의 행복이나 운명이 멀리 떨어져 있는 조국에 의해서만 보증되고 있다는 사실을 항상 자신에게 되뇌어야 했다. 그리고 조국의 보호가 실증되지 않을 때는 자기 스스로 조국 속으로 기어들어가 자신을 격려해야 했다. (중략) 그러니까 우리들은 일본인이라는 것에 대해 보다 의식적이었고 강조적이었다. 때때로 우리에게 있어서 조국이란 가설이고, 이상이고, 과장이었다.(182~183쪽)

식민 2세들은 "자신이 일본인이면서 일본을 전혀 모른 채 살풍경스럽고 불결한 식민지에 살고 있는 사실을 안타깝게"[26] 생각했다. 일본을 모르는 식민 2세들은 강렬한 제국의식으로 무장된 식민 1세들을 두려워했고, "'지배자'가 될 수 없는 자신을 부끄러워했다."[27]

---

25) 村松武司, 『朝鮮植民者: ある明治人の生涯』, 108쪽.
26) 小林勝, 『日本人中學校』, 『小林勝作品集 第一卷』, 白川書院, 1975, 109쪽.
27) 村松武司, 『朝鮮植民者: ある明治人の生涯』, 50쪽.

3. 식민지의 풍경

널리 알려진 일이지만 전후 일본 사회에서 조선사 연구를 견인한 역사학자 하타다 다카시(旗田巍)도 1908년 마산에서 태어나 마산소학교, 부산중학교를 졸업한 식민 2세 출신 지식인의 한 명이었다.[28] 그는 어린 시절을 회고하여 다음과 같이 말했다.

> 어릴 적을 회고하면 아름다운 산하와 함께 육친과 친구들이 생각난다. 당시 친구들 가운데 지금도 교제하고 있는 사람은 극히 일부로, 대부분 사망했거나 소식불명이 되었지만 그래도 몇 사람은 얼굴을 떠올릴 수 있다. 그러나 그것은 모두 일본인 아이의 얼굴이지 조선인 아이의 얼굴이 아니다. 나는 조선에서 자랐지만 조선인 아이와 친하게 지낸 적이 없었다. 연날리기나 해수욕장에서 우연히 같이 놀았던 적은 있었지만 친하게 교제한 사람은 없었다. 우리들 일본인 아이와 조선인 아이들은 서로 떨어져 자랐던 것이다.[29]

하타다가 살았던 식민지 시기의 마산은 일본인과 조선인의 주거 공간이 확연히 분리되어 있는 도시였다. 러일전쟁 무렵부터 일본인 거류지로서 개발된 신 마산(新馬山)에는 일본인들이 살고, 구 마산(舊馬山)에는 조선인들이 살고 있었다. 교육 현장도 상황은 같았다.[30] 일본

28) 하타다에 관해서는 高吉嬉, 『〈在朝日本人二世〉のアイデンティティ形成: 旗田巍と朝鮮・日本』, 桐書房, 2001(고길희, 『하타다 다카시: 마산에서 태어난 일본인 조선사학자』, 지식산업사, 2005).

29) 旗田巍, 『朝鮮と日本人』, 勁草書房, 1983, 320~321쪽(이기동 역, 『日本人의 韓國觀』, 일조각, 1983).

30) 근대 일본의 식민지 교육 전반에 대한 연구로 駒込武, 『植民地帝國日本の文化統

인 아이들과 조선인 아이들은 각각 소학교와 보통학교에서 서로 분리된 채 교육을 받았다. 하타다는 이렇게 회고한다.

> 나는 조선에서 자랐다고는 하지만 일본인 마을에서 살았고, 일본인들만 다니는 소학교에 다녔고, 일본풍 생활양식 속에서 자랐다. 이런 환경이었기 때문에 조선인 아이와 친하게 지낼 기회는 거의 없었다. 게다가 우리는 조선에 대해 무지했다. 조선에 관해서는 눈에 보이는 것을 감각적으로 알 뿐, 하나의 체계적인 지식으로 배운 적이 없었다. 학교에서는 완전히 일본식 교육을 받았을 뿐이었다. 조선말은 물론 역사도, 지리도, 노래도 배우지 않았다.(321쪽)

교육 현장에서 볼 수 있는 차별적 상황은 생활공간에 있어서도 마찬가지였다. 경성에서 태어나 성장한 혼다 야스하루는 어린 시절 이런 경험을 했다. 어느 날 옆집에 사는 양반 출신의 조선인 '김상(金さん)'(그는 일본인 거주지에 사는 유일한 조선인이었다) 집으로부터 김장 김치가 선물로 보내져 왔다. 혼다의 모친은 정중하게 감사를 표하고는 김상 집 사람이 돌아간 뒤 김치를 쓰레기통에 던져버렸다. 혼다는 어린 시절 경험한 이런 종류의 일화를 몇 가지 소개한 뒤 다음과 같이 말했다.

> 이렇게 '경성'에서 태어나 자란 나는 '조선에서 살았다'고 말할 수 있는 것일까? 기본적으로 나는 '초대받지 못한 방문자'였다. 36

合』, 岩波書店, 1996(고마고메 다케시, 오성철 외 역, 『식민지제국 일본의 문화통합: 조선, 타이완, 만주, 중국 점령지에서 식민지 교육』, 역사비평사, 2008)이 있다.

년간의 역사의 허구는 나에게 12년 반 동안의 공허한 시간과, 그
곳에 사는 민중들로부터 격리되어 뿌리를 내릴 수 없는 공간을
내게 부여한 것에 지나지 않는 것은 아닐까?[31]

식민지는 공존하면서도 교류하지 않는 이중 사회였다. 모리사키는
그러한 식민지의 모습에 대해 다음과 같이 증언했다.

아주 어렸을 때 주거는 일본인뿐인, 그것도 육군 연대장이나
장교들이 살고 있는 언덕 위에, 몇몇 민간인들과 섞여 살고 있었
다. 뒤편 숲 너머 아래에는 조선인 마을이 있었지만 가본 적은 없
었다. 하지만 언제나 우리들 주위에는 생활양식을 달리하는 사람
들이 자신들의 가족들과 생활을 영위하고 있었다. 그런 이질적
가치관과의 공존 세계가 이 세상이라고 생각했다.[32]

교육자의 아내였던 모리사키의 어머니는 어린 딸에게 조선인이 많
이 모이는 곳에는 가지 말 것을 권유했다고 한다.[33] 일본인 식민자들
에게 조선인과 조선인 사회는 자신들의 삶의 기반을 뒤흔들 수 있는

31) 本田靖春, 『私のなかの朝鮮人』, 34쪽.
32) 森崎和江, 『草の上の舞踊: 日本と朝鮮半島の間に生きて』, 藤原書店, 2007, 94~95
쪽. 모리사키는 다른 책에서 이렇게 말했다. "나는 그 곳(조선: 인용자)을 일본이
라고 믿었다. 일본에는 고유의 일본인과 소수 민족인 조선인, 타이완인, 남양(南
洋)인, 아이누인과 같은 다양한 민족이 혼재하고 있다고 생각하고 자신의 애정을
주변 환경에 쏟았다"(『慶州は母の呼び聲』, 8쪽). 이러한 모리사키의 '다민족 국가
관'은 단일 민족을 전제로 하는 천황제 국가관과 대조적이라 할 수 있다. 이상한
가정이지만 만약 일본의 지배가 계속되었다면 식민지 일본인의 일부와 '내지(內
地)' 일본인은 국가관에서 서로 반목했을지도 모른다.
33) 森崎和江, 『ははのくにとの幻想婚』, 現代思潮社, 1970, 216쪽. 이렇게 말한 뒤 모
리사키는 "'가서는 안 되는' 시간과 공간이 우리들에게는 얼마나 많았던가"라고
회상한다.

이질적인 존재였다. 길가에서 만나는 조선인, 등하교 시 얼굴을 마주
치는 같은 또래의 조선인 아이들, "숲 너머 아래"에 있는 조선인 마을,
일본인 사회에서 일하는 조선인 노동자 등은 식민 2세들이 일상생활
속에서 접하는 이질적 존재의 구체적인 모습들이었다. 고바야시의 소
설『무명의 기수들』안에는 조선인의 '얼굴'에 대한 묘사가 자주 나온
다. 홍수가 있고나서도 아무런 표정의 변화가 없는 조선인 농부들의
얼굴[34]이나 "어른과 같은 복잡한 표정의 웃음을"(126쪽) 짓는 '하차효
(何次孝)'라는 이름의 조선인 학생의 "으스스하고 기분이 나쁜(薄氣味
のわるい)"(127쪽) 얼굴 등은 이해 불가능한 이질적 타자에 대한 불안
감을 상징하고 있었다.[35]

　식민지의 불안은 일본인들이 그 사회에서 소수로 존재하는 한 피할
수 없는 것이기도 했다. 식민지 소년 야스오카 쇼타로(安岡章太郎)는
경성에서의 불안감을 다음과 같이 묘사했다.

　　　어린 시절 나는 영하 20도나 되는 한겨울의 혼초(本町, 충무로:
　　　인용자) 보도 위에서 같은 또래의 조선인 아이가 맨살에 마대가
　　　마니(원문에는 南京袋: 인용자)를 두른 채 마치 벌레처럼 나뒹굴
　　　고 있는 것을 보고 연민이나 동정심을 느끼기보다 그 뻔뻔하고
　　　강인한 모습에 단지 두려움을 느꼈다. 점포 앞을 가로막고 있으

---

34) 小林勝, 『チョッパリ』, 108~109쪽.
35) 여기서 잠시 조선인 학생의 이름이 '何次孝'라는 점에 관해 언급하면 다음과 같
다. 하타다 다카시의 증언에서 보다시피 대부분의 식민 2세들은 학교에서 조선
어 수업을 받지 않았다. 따라서 그들은 체계적으로 한국어를 알기보다 주로 발
음만을 기억하고 있는 경우가 많다. '하차효'라는 조선인답지 않는 이름이 등장
하는 것도 바로 그런 이유에서일 것이다. 『蹄の割れたもの』(小林勝, 『チョッパ
リ』에 수록)에는 '옥순이(オクスニ)'라는 인물이 등장하는데, 이 같은 자연스러운
이름의 경우도 역시 소리로 듣고 익힌 인명이라고 생각된다.

면 손님이 들지 않기에 때때로 점원이 나와서 아이가 두르고 있
는 가마니를 질질 끌어 다른 장소로 옮겼다. 아이는 마치 죽은 듯
이 꿈쩍도 하지 않고 있다가 점원이 가게 안으로 들어가자마자
곧바로 일어나 같은 장소로 가서 반나체의 몸을 눕혔다. 어린 나
는 그런 동작을 보고 소름이 끼치는 생명체라고 생각했다. (중략)
나는 그러한 조선인 아이들이 그 외에도 많이 있어서, 우리들이
알 수 없는 지하에 모여 두더지처럼 서로 몸을 맞대고 누워서는
부지런히 커다란 구멍을 파고 있는 느낌이 들어 기분이 나빴
다.[36]

비록 조국이 "가설이고, 이상이고, 과장"이라 할지라도 식민 2세들
은 국가와의 일체감을 강하게 의식할 수밖에 없었다. 자신들의 생활
이 식민지적 차별과 억압 위에 성립하고 있고, 바로 그렇기 때문에 주
위의 조선인들이 생활의 안정을 파괴할 수 있는 가능성을 항상 지니
고 있는 한, 재조일본인들의 삶을 궁극적으로 보장할 수 있는 존재가
제국 일본밖에 없다는 사실을 그들도 어렴풋하게나마 인식하고 있었
기 때문이다.

식민 2세에게 조선은 공감할 수 없는 이질적인 타자들에 의해 둘러
싸인 암울한 고향이었다. 그런 만큼 그들이 회상하는 식민지의 풍경
은 성공담이나 무용담이 판을 치는 1세들의 그것과는 사뭇 달랐다. 2
세들이 표명하는 소국민(小國民)으로서의 자부심도 1세들과 같이 실
체를 동반한 자신감의 발로가 아니라 식민지 사회에 대한 공포심의
반증에 지나지 않았다.

---

[36] 安岡章太郎, 『自敍傳旅行』, 角川文庫, 1977, 44~45쪽. 초출은 文藝春秋, 1973.

4. 전후 일본 사회와 식민 2세

2차 대전 말기 규슈대학 병원에서 자행된 미군 포로에 대한 생체실험을 소재로 한 엔도 슈사쿠(遠藤周作)의 소설『바다와 독약(海と毒藥)』[37]에는 주인공이 사는 마을의 평범한 이웃들로 생체실험에 가담했던 의사, 중국 전선에서 여자를 강간한 적이 있는 주유소 주인, 난징(南京)에서 헌병을 했던 양복점 주인 등이 등장한다. 이 같은 설정을 통해 엔도가 고발하고자 한 것은 일본 사회의 범신론적 성격과 그것이 야기하는 원죄 의식의 결여였지만, 작품 속에 나오는 일상성 뒤에 숨어 있는 전시 폭력은 전후 일본 사회에서 전쟁책임의 문제가 아무런 법적·사상적 '청산' 없이 경제성장 속에 해소되어 버린 사실을 간접적으로 말해주고 있다.[38]

엔도가 이야기하는 원죄가 초월적 존재로서의 신에 대한 인간의 죄를 의미하는 데 비해, 모리사키 가즈에는 경상북도 대구부(大邱府) 미카사초(三笠町)에서 태어난 "자신의 출생" 그 자체를 "죄"[39]로 생각하며 전후를 살았다. 그녀는 전후 일본 사회에서 식민 2세로서 걸어왔

37) 遠藤周作,『海と毒藥』, 文藝春秋新社, 1958.
38) 엔도 슈사쿠 또한 어린 시절 다롄에서 생활한 적이 있는 식민 2세 출신 작가의 한 사람이었다. 『海と毒藥』에는 생체실험에 가담한 간호부가 등장하는데, 그녀는 25살의 나이에 만철 사원과 결혼하여 다롄으로 건너갔지만 남편의 외도로 다시 일본으로 되돌아와 규슈대학 병원에서 일하는 인물로 설정되어 있다. 그러나 다롄은 엔도의 작품세계에서 중요한 주제가 되지 못했다. 필자가 보기에, 엔도의 작품 속에 다롄과 관련이 있는 인물은『犀鳥』(『文藝春秋』, 1973년 2월. 遠藤周作,『母なるもの』, 新潮文庫, 1975에 수록)의 주인공인 '소설가'와 『深い河』(講談社, 1993)의 '누마타(沼田)' 정도가 있을 뿐이다(이 두 사람은 소설의 내용상 동일 인물이다). 부모의 이혼이라는 개인적인 경험이 작용했는지 엔도가 그리는 다롄은 암울하고 고독한 심상 풍경이 대부분이다.
39) 森崎和江,『ははのくにとの幻想婚』, 178쪽.

던 자신의 사상적 역정을 이렇게 이야기한다.

> 패전 이래 언젠가는 그곳(조선: 인용자)을 방문하기에 어울리
> 는 일본인이 되고자 했고, 그것을 위해 살아왔다. 내가 아무리 노
> 력한들 타민족을 먹이로 삼는 일본 사회의 약육강식 체질이 나에
> 게도 흐르고 있다고 생각했다. 나는 그러한 일본과는 다른 일본
> 을 만들고 싶었다. 그렇지 않은 일본인이 되고 싶었고, 그 핵을
> 자신 가운데서 찾아내고 싶었다.[40]

　패전은 식민 2세에게 여태껏 자신들이 생활하고 있던 공간이 바로
식민지였다는 사실을 인지시키는 사건이었다.[41] 전시라고는 하지만
공습이나 실질적인 전투 행위가 없었던 식민지에서는 전쟁을 실감할
기회가 적었고,[42] 물자 사정 또한 '내지'에 비해 풍족한 편이었다.[43]
그런 만큼 패전의 충격은 컸다. 얼마 안 가서 시작된 '인양'[44]과 '귀향'

----

[40] 森崎和江, 『慶州は母の呼び聲』, 203쪽.

[41] 가지야마 도시유키(梶山季之)의 조선 관련 소설인 『性欲のある風景』, 『米軍進駐』,
『闇船』(세 작품 모두 『李朝残影: 梶山季之朝鮮小説集』, インパクト出版, 2002에
수록) 등은 패전 직후의 경성을 무대로 한 것으로, 구체적인 지명과 함께 시간이
경과함에 따라 점차 국가의 패배와 외국으로서의 조선을 인지해가는 일본인의
심리가 묘사되어 있어 흥미롭다. 가지야마의 조선 인식이 갖는 문제점에 관해서
는 동 소설집의 해설 川村湊, 「梶山季之「朝鮮小説」の世界」를 참조.

[42] 가지야마의 『さらば京城』(『李朝残影: 梶山季之朝鮮小説集』 수록) 안에는 패전
당시 18살이었던 '야스코(康子)'가 "경성은 단 한 번도 공습을 받지 않았어. 대본
영(大本營)은 본토결전, 본토결전이라고 외치고 있었어. 우리들은 모두 오체(五
體)가 만족한데 왜 졌다고 하는 것이야?"(205~206쪽)라고 패전에 대해 의문을 표
하는 장면이 나온다.

[43] 센다 가코의 증언에 따르면 전시 하 다롄의 물자 사정은 "형태는 배급제가 되었
지만 입에 들어가는 것은 이전과 크게 다르지 않았다. 일본 내지의 식량 부족,
즉 고기도 없고 설탕도 없고 술도 없는 생활과는 전혀 상관이 없었다."(『植民地
少年ノート』, 158쪽)고 한다.

[44] 무라마쓰 다케시는 "'인양'이라는 수동적인 말 속에는 개개인의 무고한 비극이 담

은 그들이 꿈꾸던 조국과 동포가 하나의 신화에 지나지 않았음을 알리는 계기가 되었다. 모리사키는 자신을 '조선에서 돌아온 비국민'[45] 정도로 바라보는 모국의 차별적인 시선을 느끼며 아래와 같이 생각했다.

> 일본에 살기 시작한 나는 일본의 풍토에 대한 혐오감으로 괴로워했다. 자민족에 자족하는 자의 정취는 해가 뜨는 곳도 지는 곳도 모두 자신의 정념의 들판이라고 믿기에 안으로 틀어박히고 만다. 이질의 문화를 인정하는 힘이 약한 것이다. 오히려 그것을 배척한다. 나는 외로웠다. 이런 풍토가 모국이란 말인가. 근린 민족을 경멸하는 것도 모자라 같은 나라 안에서도 동질적인 것들이 모여 서로 문을 닫는다. 이래서는 식민 2세인 나보다도 더 뒤떨어진 것이 아닌가.[46]

패전 이후 식민 2세들이 경험한 모국은 또 하나의 이질적인 차별 공간이었다. 환상은 현실에 의해 파괴되었고, 그 과정에서 식민 2세들이 모국에 대해서 가지는 위화감은 식민지에서의 그것과 유사한 것이었다. 2세들에 의한 식민지 학습이 시작되고, '반일본인·반조선인'이라는 새로운 아이덴티티가 탄생하는 것은 그러한 상황 속에서의 일이었다.[47]

져 있을지도 모르지만, 역시 상대방 민족에 대한 무시가 심리의 저변에 깔려 있다."(『朝鮮植民者: ある明治人の生涯』, 244쪽)고 말했다. 이 같은 발언은 현대 일본에서 자주 보이는 희생자적 '인양' 체험담의 함정을 지적하는 탁견으로 경청할 가치가 있다.

[45] 당시 사용되던 차별어로 '朝鮮歸り', '滿州歸り', '植民地歸り' 등이 있었다.

[46] 森崎和江, 『草の上の舞踊: 日本と朝鮮半島の間に生きて』, 96~97쪽.

[47] 혼다 야스하루가 자신을 "콜로니 출신의 방랑자"라고 규정한 것도 같은 문맥에서의 일이다. 生島治郎, 「解說」, 『私のなかの朝鮮人』, 239쪽. 식민 2세 출신 지식인의 사상을 생각할 때 식민지 경험이 갖는 의미는 아무리 강조해도 지나치지 않

2세들의 식민지 학습은 사후적으로, 그리고 현재와 어린 시절을 오가는 형태로 이루어졌다. 식민지 학습은 현재에서 출발하여 과거를 거쳐 다시 현재로 되돌아오는 사고 회로를 통할 수밖에 없었는데, 원산에서 패전을 맞이한 소설가 고토 메이세이(後藤明生)는 그것을 "과거에서 현재로 향하는 시간과 현재에서 과거로 향하는 시간의 복합"[48]이라고 표현했다. 혼다 야스하루가 말하는 "이성적 출발"은 그러한 사고의 통로를 거쳐 도달한 하나의 식견이었다.

> 자신의 어리석음을 고백하는 것에 지나지 않지만 내 고향은 조선이라는 생각이 늘 있었다. 그러나 그곳에는 나를 기다리는 친구도 없고 찾아가 만날 지인도 없다. 만나 이야기하고 옛날을 그리워할 친구도 없는 땅을 과연 고향이라고 부를 수 있는 것일까? 내가 사랑한 것은 태어나 자란 '경성'이었지 조선이나 조선인이 아니었던 것이다. 나를 이렇게 확정함으로써 이웃과의 새로운 관계의 출발점에 나는 비로소 설 수 있을지 모른다. 나는 그것을 '이성적 출발'이라고 부르고자 한다.[49]

혼다가 생각하기에 조선과의 새로운 만남을 위해서는 타자로서의 조선과 식민자로서의 자기 모습을 발견하는 작업이 전제되어야 했다. 그가 말하는 "이성적 출발"이란 그러한 전제 조건이 충족된 뒤에 다다

다. 히노 게이조(日野啓三)의 아쿠타가와상 수상작 『あの夕陽』, 新潮社, 1975(초출은 『新潮』 1974년 9월)은 식민 2세 출신자와 조선의 끊으려야 끊을 수 없는 숙명적 관계를 그린 소설로, 작품 속에 묘사되는 주인공과 그의 부인 '슈子' 간의 엇갈림은 전후 일본 사회와 식민 2세의 관계를 상징하고 있다.
48) 後藤明生, 『夢かたり』, 中央公論社, 1976, 373쪽.
49) 本田靖春, 『私のなかの朝鮮人』, 185~186쪽.

를 수 있는 "새로운 관계의 출발점"을 의미했다. 모리사키는 그것을
더욱 단적으로 "우리들의 생활 그 자체가 침략이었다."[50]라고 말했다.

1970년대에 들어 일본 사회에서는 식민 2세들에 의한 망향의 글이
이곳저곳에서 출현하기 시작했다. 다롄 출신 식민 2세 작가 기요오카
다카유키(淸岡卓行)의 작품 『아카시아의 다롄』[51]이 식민지에 두고 온
고향에 대한 그리움을 담아 제62회 아쿠타가와상을 수상한 것도 같은
즈음의 일이었다. 그러한 현상의 원인으로 패전 이후 일정한 물리적
시간의 경과, 전후 일본 사회의 경제적 안정, 그리고 식민 2세 당사자
들의 육체적 연령 등을 들 수 있을 것이다. 그러나 그리움은 주로 "다
시 한 번 인생을 살 수 있다면 아카시아 꽃향기가 묻어나는 경성 거리
에 살면서"[52] 운운하는 일방통행적 망향가에 지나지 않는 경우가 많
았다.[53] 『아카시아의 다롄』은 다음과 같은 문장으로 시작한다.

---

[50] 森崎和江, 『慶州は母の呼び聲』, 45쪽. 모리사키는 이렇게도 이야기했다. "전후 화
    려하게 움직이기 시작한 제국주의 비판조의 사조에도 호의를 가질 수 없었다.
    왜냐하면 나는 정치적으로 조선을 침략한 것이 아니라, 더 깊게 범하고 있었다."
    (『草の上の舞踊: 日本と朝鮮半島の間に生きて』, 95쪽) 필자는 식민지 지배에 대
    한 이 이상의 성찰을 발견할 수가 없다.
[51] 淸岡卓行, 『アカシヤの大連』, 講談社, 1970.
[52] 京城三坂小學校記念文集編輯委員會 편, 『鐵石と千草』, 三坂會事務局, 1983. 高崎
    宗司, 『植民地朝鮮の日本人』, 204쪽에서 재인용.
[53] 최인택은 일본인 식민자들의 라이프 히스토리를 조사한 논문에서 과거에 대한
    식민자들의 태도를 순수고향파, 참회파, 근대화론파, 과거망각파의 네 부류로 구
    분하고 있다(「일제시기 부산지역 일본인사회의 생활사: 경험과 기억의 사례연구」,
    『역사와 경계』 52, 2004). 高崎宗司, 『植民地朝鮮の日本人』의 경우는 이를 세 부
    류로 구분하고 있는데, 그것들은 내용으로 보아 향수파, 근대화론파, 참회파 정
    도로 정리할 수 있을 것이다. 이 장에서는, 말하자면 참회파를 축으로 하여 향수
    파를 대조적으로 비교해왔다. 식민지 근대화를 주장하는 시혜적 식민지론에 관
    한 사례 분석으로 이규수, 「식민지 체험자의 기억 속의 '제국'과 '식민지': 후지카
    이(不二會)를 중심으로」, 『역사와 경계』 79, 2011가 있다.

　　일찍이 일본의 식민지 중에서 아마 가장 아름다운 도시였음에
틀림없는 다롄을 다시 한 번 보고 싶은가 라고 묻는다면 그는 오
랫동안 주저한 끝에 고개를 가로로 저을 것이다. 보고 싶지 않은
것이 아니다. 보는 것이 불안한 것이다. 만약 다시금 그 그리운
거리에 서게 되면 그저 허둥댈 뿐 제대로 걷지도 못하는 것은 아
닐까하고 남몰래 자신을 두려워하는 것이다.[54]

　　이미 앞에서 소개한 것처럼 가와무라 미나토는 이 작품을 평하여,
다롄이라는 마을을 마치 한 명의 여성처럼 사랑한 일종의 "연애 소
설"[55]이라고 말했다. 가와무라가 이렇게 이야기하는 이유는 기요오카
에게 다롄은 "현실의 세계라기보다 관념 속에 존재하는 고향"(91쪽)에
지나지 않는다는 사실을 지적하기 위해서였다. 사실 기요오카는 자신
의 어린 시절과 다롄의 아름다운 자연을 그리워하고 있을 뿐 그 이면
에 존재했던 제국주의의 역사에 대해서는 거의 무관심으로 일관했다.
그의 작품 속에서 열강의 압력 하에 신음하는 중국인과 중국 사회가
단지 배경적 존재로만 그려지는 이유도 바로 그 때문이었다.[56]

　　이런 점에서 『아카시아의 다롄』과 같은 해에 출간된 고바야시 마사
루의 『쪽발이(チョッパリ)』는 기요오카가 간과한 역사의 문제에 집착
하는 점에서 많은 대조를 보이고 있었다. 책의 후기에서 고바야시는
자신의 "마음속 깊은 곳에 숨어있을 차별의식을 끌어내어, 문학 안에
서 그 추악한 실태를 형상화해서 그것을 쓰러뜨리는 현실적 방안"(293

54) 여기서의 인용은 『アカシヤの大連』, 講談社文藝文庫, 1988, 71쪽.
55) 川村湊, 『異鄕の昭和文學: 「滿州」と近代日本』, 岩波新書, 1990, 80쪽.
56) 기요오카의 다롄 인식이 갖는 문제점에 대해서는 이 책의 제3장 「지배와 향수: 근
현대 일본의 다롄 표상」과 제4장 「현대 일본의 다롄 표상: 방법적 존재로서의 식
민지도시」에서 언급했다.

쪽)을 강구하는 것이 자신의 문학의 원점이라고 밝히고 있다.[57] 그는
이렇게 말한다.

> 나에게 조선이란 무엇인가라는 문제를 생각할 때, 나는, 내가
> 한 때 '식민지 조선'에서 태어나 군관학교에 들어갈 때까지 16년
> 간을 거기서 보냈다고 하는 직접 체험을 포함한 '과거'의 문제로
> 서 그것을 파악하려는 것은 아닙니다. (중략) 나는 그것을 이미
> 끝난 일, 완료된 일, 혹은 단절된 일이라고는 생각할 수 없습니
> 다. 오히려 나는 일본에게 조선과 중국은 '과거'에서 '현재'로, 현
> 재에서 미래로 연속되는 하나의 살아있는 총체라고 생각합니
> 다.(295쪽)

과거를 단지 "**회고하는**(강조는 원문: 인용자) 것이 아니라, 그 원점
에 서서, 거기로부터 미래를 전망"(296쪽)하려고 하는 고바야시의 자
세는 아래에 소개하는 무라마쓰 다케시의 그것과 함께 중요한 문제를
제기하고 있다.

> 여기서 내가 의도하는 바는 조부의 역사와 나의 현재를 구분
> 짓지 않는 것이다. 그리고 과거를 지나간 것으로 묻어버리지 않
> 고 다시 묘지 속에서 끄집어내는 일이다. 따라서 이것은 과거 일
> 본의 식민지사가 아니다. 오늘날의 식민주의적 상황을 이야기하
> 고 있는 것이다.[58]

---

57) 고바야시의 작품세계에 관해서는 川村湊, 「小林勝外傳」, 川村湊, 『滿洲崩壞: 「大
   東亞文學」と作家たち』, 文藝春秋, 1997을 참조.
58) 村松武司, 『朝鮮植民者: ある明治人の生涯』, 3쪽.

  식민 2세로서의 자신의 존재가 제국 일본과 현대 일본을 가교하는 신체임을 자각하고 그러한 자기의 부정과 재생을 통해 전후 일본 사회의 탈식민주의 가능성을 모색하려는 고바야시와 무라마쓰의 생각을 일본 사회는 줄곧 망각해 왔지만 여전히 유효한 방법임에는 변함이 없다.

참고문헌

다테노 아키라 편저, 오정환·이정환 역,『그때 그 일본인들: 한국 현대사에서 그들은 무었이었나』, 한길사, 2006.

박광현·신승모 편저,『월경(越境)의 기록: 재조(在朝)일본인의 언어·문화·기억과 아이덴티티의 분화』, 어문학사, 2013.

신승모,『일본 제국주의 시대 문학과 문화의 혼효성』, 지금여기, 2011.

김경연,「해방/패전 이후 한일(韓日) 귀환자의 서사와 기억의 정치학」,『우리문학연구』 38, 2013.

김승,「개항 이후 부산의 일본거류지 사회와 일본인 자치기구의 활동」, 인하대학교 한국학연구소 편,『동아시아 개항도시의 형성과 네트워크』, 글로벌콘텐츠, 2012.

신승모,「'전후' 일본사회와 식민자 2세 문학의 등장: 가지야마 도시유키(梶山季之) 문학을 중심으로」,『일본학』 34, 2012.

신승모,「식민자 2세의 문학과 '조선': 고바야시 마사루와 고토 메이세이의 문학을 중심으로」,『일본학』 37, 2013.

신호,「식민지향수의 역설:「나쓰카시이 조선」담론을 통한 "식민자 의식"의 부정」,『한일민족문제연구』 30, 2016.

이규수,「식민지 체험자의 기억 속의 '제국'과 '식민지': 후지카이(不二會)를 중심으로」,『역사와 경계』 79, 2011.

이원희,「고바야시 마사루 문학에 나타난 식민지 조선」,『일어일문학연구』 38, 2001.

이원희,「가지야마 도시유키(梶山季之)와 조선」,『일본어문학』 38, 2007.

이형식,「재조일본인 연구의 현황과 과제」,『일본학』 37, 2013.

조정민,「모리사키 카즈에」,『오늘의 문예비평』 21, 2007.

전성현, 「식민자와 식민지인 사이: ‘재조일본인’ 연구의 동향과 쟁점」, 『역사와 세계』 48, 2015.

차철욱·양흥숙, 「개항기(開港期) 부산항(釜山港)의 조선인과 일본인의 관계 형성」, 인하대학교 한국학연구소 편, 『동아시아 개항도시의 형성과 네트워크』, 글로벌콘텐츠, 2012.

최인택, 「일제시기 부산지역 일본인사회의 생활사: 경험과 기억의 사례연구」, 『역사와 경계』 52, 2004.

최준호, 「고바야시 마사루의 식민지 조선 인식: 초기 작품들 속의 인물표상을 중심으로」, 『일본어문학』 48, 2011.

하라 유스케, 「그리움을 금하는 것: 조선식민자 2세 작가 고바야시 마사루와 조선에 대한 향수」, 『일본연구』 15, 2011.

홍순권, 「일제시기 부산지역 일본인사회의 인구와 사회계층연구」, 『역사와 경계』 51, 2004.

홍순권 외, 『부산의 도시 형성과 일본인들』, 선인, 2008.

池田浩士, 『[海外進出文學]論·序說』, インパクト出版會, 1997.

遠藤周作, 『海と毒藥』, 新潮文庫, 1975(박유미 역, 『바다와 독약』, 창비, 2014).

梶山季之, 『李朝殘影: 梶山季之朝鮮小說集』, インパクト出版會, 2002.

川村湊, 『アジアという鏡: 極東の近代』, 思潮社, 1989.

川村湊, 『滿洲崩壞: 「大東亞文學」と作家たち』, 文藝春秋, 1997.

木村健二, 『在朝日本人の社會史』, 未來社, 1989.

淸岡卓行, 『アカシヤの大連』, 講談社文藝文庫, 1988.

金達壽, 『わがアリランの歌』, 中公新書, 1977.

高吉嬉, 『〈在朝日本人二世〉のアイデンティティ形成 旗田巍と朝鮮·日本』, 桐書房, 2001(고길희, 『하타다 다카시: 마산에서 태어난 일본인 조선사학자』, 지식산업사, 2005).

後藤明生, 『夢かたり』, 中央公論社, 1976.

小林勝, 『チョッパリ』, 三省堂, 1970(이원희 역, 『쪽발이: 고바야시 마사루 작품집』, 소화, 2007).

小林勝, 『小林勝作品集 第1卷』, 白川書院, 1975.

駒込武, 『植民地帝國日本の文化統合』, 岩波書店, 1996(오성철 외 역, 『식민지제국 일본의 문화통합-조선, 타이완, 만주, 중국 점령지에서 식민지 교육』, 역사비평사, 2008).

坂本悠一・木村健二, 『近代植民地都市 釜山』, 櫻井書店, 2007.

千田夏光, 『植民地少年ノート』, 日中出版, 1980.

高崎宗司, 『植民地朝鮮の日本人』, 岩波新書, 2002(이규수 역, 『식민지 조선의 일본인들: 군인에서 상인 그리고 게이샤까지』, 역사비평사, 2006).

西順藏, 『日本と朝鮮の間: 京城生活の斷片, その他』, 影書房, 1983.

旗田巍, 『朝鮮と日本人』, 勁草書房, 1983(이기동 역, 『日本人의 韓國觀』, 일조각, 1983).

日野啓三, 『あの夕陽』, 新潮社, 1975.

本田靖春, 『私のなかの朝鮮人』, 文春文庫, 1984.

村松武司, 『朝鮮植民者: ある明治人の生涯』, 三省堂, 1972.

村松武司, 『遥かなる故鄕: ライと朝鮮の文學』, 皓星社, 1979.

森崎和江, 『ははのくにとの幻想婚』, 現代思潮社, 1970.

森崎和江, 『慶州は母の呼び聲』, ちくま文庫, 1991.

森崎和江, 『草の上の舞踏: 日本と朝鮮半島の間に生きて』, 藤原書店, 2007.

安岡章太郎, 『自敍傳旅行』, 角川文庫, 1977.

梶村秀樹, 「植民地と日本人」, 『梶村秀樹著作集 第一卷』, 明石書店, 1992.

川村湊, 「梶山季之「朝鮮小說」の世界」, 梶山季之, 『李朝殘影: 梶山季之朝鮮小說集』, インパクト出版會, 2002.

尹健次, 「植民地日本人の精神構造」, 『孤絕の歷史認識: 日本國家と日本人』, 岩波書店, 1990.

초출일람

제1장: 「근대일본작가의 上海체험: 문화접촉과 탈경계적 상상력」, 『해항도시문화교섭학』 2호, 2010.

제1장의 보론: 「가네코 미쓰하루(金子光晴)와 상하이, 동남아시아」, 新稿.

제2장: 「오자키 호츠미(尾崎秀實)의 중국인식과 上海 경험」, 『역사와 경계』 75호, 2010.

제3장: 「지배와 향수: 근현대일본의 大連 표상」, 『일어일문학』 50호, 2011.

제4장:「현대일본의 대련(大連) 표상: 방법적 존재로서의 식민지도시」,
　　　『일본연구』 36호, 2014.

제5장:「근대일본과 미크로네시아: 문화교섭의 관점에서」,『동북아문
　　　화연구』 26호, 2011.

제6장:「재조일본인 2세의 식민지 경험: 식민 2세 출신 작가를 중심으
　　　로」,『한국민족문화』 50호, 2014.

찾아보기

저자소개

이수열 (李秀烈)

| 와세다대학 문학부 졸업. 규슈대학 박사
  현재: 한국해양대학교 국제해양문제연구소 HK교수
  전공: 일본사상사, 동아시아사

| 주요 논저
  『동인도회사와 아시아의 바다』(2012, 공역)
  「'아시아 교역권론'의 역사상: 일본사를 중심으로」(2014)
  『다롄: 환황해권 해항도시 100여 년의 궤적』(2016, 공저)
  「아시아 경제사'와 근대일본: 제국과 공업화」(2016)
  『바다의 세계사』(2017, 공역)